Reiseführer Cala Ratjada (Mallorca)

Für alle, die Cala Ratjada lieben

von

Stefan Wahle

und

Tanja Wahle

Impressum

© 2015-2021 copyright by Stefan Wahle, Berlin

7. Auflage 2021

Texte: Tanja und Stefan Wahle
Fotos + Umschlaggestaltung: Stefan Wahle, Berlin

E-Mail: info@sw-reisebuch.de
Internetseite: www.sw-reisebuch.de

Fan-Page zum Buch bei Facebook:
http://www.facebook.com/cala.ratjada.urlaub

Unser Reiseblog: www.reise-blog-wahle.de

Herstellung und Verlag:
BoD - Books on Demand, Norderstedt

ISBN: 978-3-7386-4758-7

Inhaltsverzeichnis

1.	Vorwort, „Der Ort"
2.	Anreise
2.1.	Klassische Pauschalreise
2.2.	Individual
2.2.1.	Flugzeug, Taxi/Bus/Mietwagen
2.2.2.	Eigenes Auto, Fähre
3.	Hotels
3.1.	Hotel Lliteras
3.2.	Diamant Aparthotel
3.3.	Hotel & Spa S´Entrador Playa
3.4.	Prinsotel La Pineda
3.5.	Chillout Cala Ratjada
3.6.	Na Forana Playa
3.7.	Beach Club Font de Sa Cala
3.8.	Chillout Triton Beach
3.9.	Hotel Cooee
3.10.	Aparthotel Green Garden
3.11.	Hotel Clumba
4.	Strände
4.1.	Cala Guya / Cala Agulla
4.2.	Cala Son Moll
4.3.	Cala Gat
4.4.	Cala Lliteras
4.5.	Cala de Sa Font
4.6.	Cala Mesquida
5.	Lokale

6.	**Ausflüge / Touren**
6.1.	**Port d´Alcúdia, Port de Pollença**
6.2.	**Sóller, Palma, Port de Sóller**
6.3.	**Manacor, Valldemossa**
6.4.	**Manacor, Portocristo und die Höhlen**
6.5.	**Kurztrip zum Castell de Capdepera**
7.	**Karten von Cala Ratjada**
8.	**Karte Mallorca**
9.	**Wichtige Kontakte, Feste + Termine**

1. Vorwort

Man könnte meinen, die Idee wäre in einer Sektlaune entstanden: „Komm, lass uns doch einen Reiseführer über Cala Ratjada schreiben!", aber tatsächlich hat die Sache einen ganz nüchternen, wenn auch sehr emotionalen Hintergrund: wir lieben Mallorca und ganz besonders Cala Ratjada. Der Ort hat sich trotz aller touristischen Einflüsse seine spanische Individualität erhalten. Er kann sich, wie kein Touristenort auf Mallorca, nicht davon freimachen, dass er eben genau das ist: ein touristisch geprägter Ort und trotzdem ist er ursprünglich geblieben. Kilometerlange Sandstrände sucht man in Cala Ratjada vergeblich, vielmehr besticht der Ort durch seine Badebuchten, die, zugegebener Maßen, ein wenig größer sein könnten, im Hinblick auf die Menge der Mallorca-Liebhaber, die in Cala Ratjada landen. In der Hochsaison ist es dort genau so voll und vielfach überlaufen, wie auf dem Rest von Mallorca, und trotzdem gibt es diese kleinen Buchten, die Wanderwege zum Beispiel zum Leuchtturm oder rüber zur Cala Mesquida, die einen auch in der Hochsaison vergessen lassen, dass man sich auf des Deutschen liebster Insel befindet. Aber zurück zu der Frage, warum ein Reiseführer über Cala Ratjada, wo es doch Reiseführer über Mallorca, im wahrsten Sinne des Wortes, wie Sand am Meer gibt? Und da genau liegt das Problem. Die Mallorca-Reiseführer müssen ganz Mallorca beleuchten, die Orte können nicht in der Ausführlichkeit beschrieben werden, wie es viele verdient hätten und deshalb, um den Kreis zu schließen, ein Reiseführer über nur einen Ort und die Möglichkeit die Tage, die man dort verbringt, maximal zu nutzen. Vor Ort direkt oder mit dem Mietwagen. Vielleicht sind wir da einen Hauch zu optimistisch, aber wir behaupten, wer Mallorca einmal erlebt hat, wird es nie vergessen und wer einmal in Cala Ratjada war, kommt immer wieder.

„Der Ort"

Fangen wir mit ein paar Basisinformationen an, wie sie in jeden Reiseführer gehören, denn Reisen soll ja auch bilden:
Cala Ratjada (auch "Cala Rajada" geschrieben), bedeutet übersetzt "Rochenbucht" und ist ein Ortsteil der Gemeinde Capdepera in der Region Llevant im Nordosten der Insel Mallorca, ca. 80 Kilometer und 1 Stunde Fahrt über die Ma-15 von der Hauptstadt Palma entfernt. Dieser zweitwichtigste Fischereihafen der Insel hat ca. 6.000 „offizielle" Einwohner und wurde im 17. Jahrhundert gegründet. In Spanien muss immer von „offiziellen" Einwohnern gesprochen werden, da sich viele dort wohnende EU-Ausländer aus verschiedenen Gründen nicht vor Ort registrieren lassen.

Neben Paguera ist Cala Ratjada seit Jahrzehnten die größte Touristenhochburg der Deutschen auf dieser Baleareninsel. Daher hat sich hier quasi eine deutsche Infrastruktur entwickelt, in der man ohne Spanischkenntnisse und ohne Auto bestens zu Recht kommt. Alles ist fußläufig erreichbar und vom deutschen Arzt bis zum deutschen Supermarkt mit den gewohnten Produkten von Zuhause, wenn man das denn will, ist hier alles vorzufinden. Um das ursprüngliche spanische

Leben kennenzulernen ist man hier sicher falsch und auch Touristen anderer Länder sind hier eher eine Seltenheit.

Im südlich gelegen Hafen (Bilder 1+2), umringt von zahlreichen Lokalitäten, starten Ausflugsschiffe an der Küste entlang in Richtung Cala Millor und Portocristo. Es gibt auch eine Verbindung zur Nachbarinsel Menorca. Auf dem von Restaurants und Cafés mit herrlichen Außenbereichen und Terrassen gesäumten Küstenweg (Bilder 3+4), der sich vom Sandstrand Son Moll über den Hafen bis zur Cala Gat hinzieht, kann man den Tag bei einem Spaziergang wunderschön ausklingen lassen. Egal ob „nur" ein Cocktail, Tapas oder ein Drei-Gänge-Menü, auf dem Küstenweg findet sich für jeden etwas und von jedem der Lokale hat man einen wunderschönen Ausblick über die Bucht und/oder den Hafen. Hinter dem Hafen in Richtung Cala Gat befinden sich auch die unter Denkmalschutz stehenden, historischen Langusten-Häuschen (Bild 5), in denen die gefangenen Langusten früher bis zum Verkauf in Meerwasser „frisch" gehalten wurden.

Im östlichen Teil des Ortes befindet sich das 1911 erbaute Anwesen der Bankiersfamilie March (Bild 6), das sich bis an die Cala Gat grenzend erstreckt. Auf dem 60.000 qm großen, parkähnlichen Areal befinden sich zahlreiche Skulpturen. Die Anlage kann zeitweise besichtigt werden (Führungen Mi + Sa um 11.00 + 12.30 Uhr, Fr um 11.00 Uhr). Jeweils aktuelle Informationen hierzu gibt es bei der Touristeninformation, bei der Sie sich für die Führungen auch anmelden können (Telefon 971 819 467).

Am Anwesen der March-Familie vorbei befindet sich noch weiter östlich gelegen und am Ende einer sich bergaufwärts schlängelnden schmalen Straße (Bild 7) der Mitte des 19. Jahrhunderts erbaute Leuchtturm "Far de Capdepera" (Bild 8). Ein Ausflug zu diesem wunderbaren Aussichtspunkt (Bilder 9+10) lohnt auf jeden Fall und ist auch zu Fuß durchaus zu bewältigen, wenn man sich nicht gerade die Mittagsstunden im Juli/August aussucht. Auf der Anhöhe befindet sich auch die Ruine des mittelalterlichen Wachtturmes "Torre Embucada" (Bild 11). An schönen Tagen kann man die Nachbarinsel Menorca in der Ferne sehen (Bild 12).

Die wichtigsten Strände des Ortes bzw. in dessen Umgebung werden unter Punkt 4. ab Seite 47 dieses Reiseführers näher beschrieben.

Immer samstags-vormittags findet auf dem "Plaça dels Pins" (Plaza de los Pinos) der Wochenmarkt statt (Bild 13). Sehr touristisch geprägt, aber das eine oder andere Souvenir findet man hier sicher für die Lieben Zuhause.

Für Höhlenfans gibt es zahlreiche Anlaufpunkte auf der Insel. Neben den bekannteren Coves del Drac (Drachenhöhlen) bei Porto Christo befinden sich ganz in der Nähe von Cala Ratjada die Coves d'Artà (www.cuevasdearta.com).

Auch für Golfspieler ist der Weg nicht weit zum nahen und sehr schönen 18-Loch-Golfplatz Capdepera Golf, der vom amerikanischen Golfplatzarchitekten Dan Maples entworfen wurde. Die Kontaktdaten finden Sie unter Punkt 9. in diesem Reiseführer.

Im nahen Hauptort Capdepera befindet sich das Castell de Capdepera. Diese imposante Festung gehört zu den am besten erhaltenen Burg- und Festungsanlagen Mallorcas und ist auf alle Fälle einen Besuch wert. Im Inneren des Castells gibt es eine kleine Kapelle mit dem Namen "Nuestra Señora de la Esperanza".

Immer sonntags um 11.00 Uhr findet in der Pfarrkirche "Nuestra Señora del Carmen" (Bild 14) für die deutsche evangelische Gemeinde ein Gottesdienst in Cala Ratjada statt.

1 Hafen von Cala Ratjada

2 Hafen von Cala Ratjada mit Betonbegrenzungsmauer

3 Promenade vom Hafen in Richtung Son Mol…

4 …mit zahlreichen Cafés, Bars und Restaurants

5 Langusten-Häuschen

6 Eingang zur Villa March

7 Straße zum Leuchtturm

8 Leuchtturm "Far de Capdepera"

9 Blick nach links auf Cala Ratjada vom Aussichtspunkt aus

10 Blick nach rechts auf den Wachtturm "Torre Embucada"

11 Wachtturm "Torre Embucada"

12 Blick nach Menorca

13 Wochenmarkt immer samstags "Plaça dels Pins"

14 Kirche "Nuestra Señora del Carmen" in Cala Ratjada

2. Anreise
2.1. Klassische Pauschalreise

Die klassische Pauschalreise ist wohl die komfortabelste Art des Reisens, da man sich praktisch um nichts kümmern muss. Das fängt bei vielen Reiseveranstaltern schon damit an, dass die Zugfahrt zum gebuchten Flughafen mit inbegriffen ist. Man muss sich nicht weiter um den Flug kümmern und wird bereits am Zielflughafen Palma von einem Reiseleiter erwartet, der einem den Bus direkt zum Hotel zuweist. Vor Ort erfolgt ebenso eine deutschsprachige Reisebetreuung durch den Veranstalter bei Problemen oder Sonderwünschen. Rechtzeitig vor Urlaubsende wird man über den Rücktransfer zum Flughafen Palma informiert. Alles ist von dritter Seite organisiert und man kann sich im Urlaub einfach nur entspannt zurücklehnen.

Diese Abgabe der Urlaubsverantwortung hat allerdings auch Nachteile, über die man sich im Klaren sein muss. Man kann sich zum Beispiel seine Fluggesellschaft nicht aussuchen und oftmals sind die Flugzeiten sehr unattraktiv. Schlimmstenfalls kommt man nachts um zwölf im Hotel auf Mallorca an und reist am Ende des Urlaubs bereits in den frühen Morgenstunden wieder ab. Dadurch verliert man ganze zwei Tage, was man bei Eigenorganisation anders optimieren kann. Es gibt also gute Gründe für „selbst ist der Mann / die Frau".

2.2. Individual-Anreise
2.2.1. Flugzeug, Taxi/Bus/Mietwagen

Im Gegensatz zur Pauschalreise kann man natürlich auch alles individuell und separat im Internet oder Reisebüro buchen. Man sucht sich das Hotel aus, wählt seine Lieblings-Fluggesellschaft, die durchaus Qualitätsunterschiede aufweisen (Sprache, Essen, Sitzplatzreservierung etc.), und vor allen Dingen kann man die Flugzeiten optimieren. So würde man z.B. bei der Anreise den ersten Flug in der Hauptsaison um 06.00 Uhr nehmen und den Rückflug um 20.00 Uhr wählen. Dadurch hätte man zwei zusätzliche Urlaubstage gewonnen.

Vor Ort in Palma entfällt der betreute Transfer und es stehen mehrere Auswahlmöglichkeiten zur Verfügung. Die einfachste aber auch teuerste Möglichkeit wäre, sich ein Taxi zu nehmen, wobei Sie jedoch pro Tour nach Cala Ratjada und zurück mit mindestens 100 EUR rechnen müssen. Im Vorwege auch online buchbar: www.mallorca-taxi.com. Aber es gibt auch preiswertere Lösungen.

Wenn man den Sicherheitsbereich verlassen hat, so findet man in der Ankunftshalle einen Schalter, wo ein Bustransfer gebucht werden kann. Damit man nicht zu viel Zeit mit dem Warten auf den nächsten Bus verbringt, sollte man den Transfer schon Zuhause übers das Internet buchen. Die Kosten bewegen sich pro Person zwischen 10-20 EUR.

Hier einige Kontaktvorschläge:
www.urlaubstransfers.de;
www.shuttledirect.com/de/flughafen/PMI/;
http://de.resorthoppa.com;
http://www.palma-airport-transfers.com/german/

Man kann natürlich auch direkt den Linienbus vom Flughafen Linie 1 (seit Mai 2016: 5,00 EUR für das Ticket) zum Plaça de Espanya in die Innenstadt von Palma nehmen. Von dort aus fahren ab dem unterirdischen Bus-Bahnhof (wo auch die Züge abfahren) die inselweiten Buslinien ab. Allerdings macht das aufgrund des erheblichen Zeitaufwandes für das Ziel Cala Ratjada eigentlich keinen Sinn, soll aber trotzdem der Vollständigkeit halber erwähnt werden.
Infos vom Dienstleister "Transports de les Illes Balears" (TIB) unter Tel. +34 971177 77 oder im Internet auf der Webseite (Linie 411 von Palma nach Cala Ratjada): http://www.tib.org/portal/es/web/ctm/autobus/seccio/400

Wer sich für einen Mietwagen entscheidet, sollte dies insbesondere in der Hauptsaison schon von Zuhause aus erledigen. Dafür empfehlen wir das Portal www.booking.com. Dieses hat zahlreiche Anbieter vor Ort im Angebot und Sie können die Preise vergleichen. Bedenken Sie bitte, nicht immer ist der günstigste Anbieter auch der bessere. Vergleichen Sie das Gesamtangebot (insbesondere die Versicherungsleistungen, Service, Ärger bei Rückgabe etc.) und insbesondere die Bewertungen der Kunden. Bei der Versicherung sollte man nicht sparen und das Portal bietet günstige Pakete an. Das erspart Ihnen im Falle eines Unfalles viel Ärger und Kosten. Die Versicherungspakete kann man auch vor Ort beim Vermieter buchen, allerdings sind diese um ein Vielfaches teurer! Die Einwegmiete ist in der Regel nicht möglich, so dass Sie den Wagen für den gesamten Urlaub anmieten müssen. Das macht natürlich bei einem 2-3-wöchigen Aufenthalt aus Kostengründen keinen Sinn.

2.2.2. Eigenes Auto, Fähre

Die Anreise mit dem eigenen Auto unter Nutzung einer Fähre ist insgesamt zum einen aufgrund der langen Fahrtzeit (bis zu 2 Tage für eine Strecke) sehr stressig und auf der anderen Seite durch Benzinkosten, Maut in Frankreich und Spanien, eventuellen Übernachtungskosten sowie den Kosten für die Fähre doch verhältnismäßig teuer und anstrengend. Das lohnt eigentlich nur bei längeren Aufenthalten auf der Insel, bei denen man auf das eigene Auto dann vielleicht nicht verzichten will.

Es fahren Fähren nach Mallorca ab Barcelona, Valencia und Dénia. Aktuelle Informationen zu Preisen und Abfahrtzeiten erhalten Sie direkt bei den Fährgesellschaften:
www.balearia.com
www.iscomar.com
www.trasmediterranea.es

3. Hotels
3.1. Hotel Lliteras

Das familiär geführte 1-Sterne-Hotel verfügt über 74 Zimmer und 36 Appartements verteilt auf 3 Gebäude mit 2-3 Etagen und liegt zentral im Ort. Das Zentrum erreichen Sie in nur 200 Metern, dafür ist der Sandstrand der Cala Guya mit ca. 1 Km doch recht weit entfernt.
Wie man bereits auf den Fotos erkennen kann, sind die Zimmer recht einfach ausgestattet. Es gibt keinen Fernseher, keine Klimaanlage, keinen Föhn...
Das Essen ist reichlich, aber nichts für Feinschmecker. Warum dieses Hotel? Wer auf komfortable Zimmer und exklusives Essen verzichten kann, dafür jedoch eine super preisgünstige Unterkunft sucht, ist hier genau richtig. Unser Tester hat in diesem Hotel im Mai einen 2-wöchigen Urlaub mit Halbpension für nur 400,-- EUR verbracht! Also Ihr Party-People, die Ihr die meiste Zeit sowieso nur am Strand oder beim Feiern verbringt und nur einen Schlafplatz braucht: Das Lliteras ist Euer Hotel für den kleinen Geldbeutel!
Problematisch wird es nur bei schlechtem Wetter, da weder die Hotelzimmer noch der kleine öffentliche Aufenthaltsbereich im Haupthaus zum längeren Verweilen geeignet sind. Da bieten dann die nachfolgenden 4-Sterne-Hotels deutlich mehr, sind aber natürlich auch preislich wiederum höher angesiedelt.
Für Lärmempfindliche gilt grundsätzlich für jedes Hotel unabhängig von der Anzahl der Sterne: Vergessen Sie die Ohrstöpsel nicht. Spanien ist ein temperamentvolles und lebendiges Land. Da knattern Tag und Nacht die Mopeds, die Hunde bellen,

Nachtschwärmer kommen nach Hause und morgens um 04.00 Uhr kommt die Müllabfuhr.

15   Beispiel Einzelzimmer

16   Beispiel Doppelzimmer

3.2. Diamant Aparthotel

Das 2014/2015 frisch renovierte Diamant Aparthotel mit 3-Sternen ist Teil einer Gesamtanlage (mit dem Hotel Diamant und Diamant Junior) und verfügt über 72 Zimmer auf 3 Etagen. Gehen Sie in das **Apart**hotel!!!
Es gibt verschiedene Zimmer:
Appartement Typ 1, ca. 37 m², 1 Schlafzimmer, kombiniertes Wohn-/Schlafzimmer, Klimaanlage, Heizung, Balkon, im Nebengebäude, Dusche, WC, Fernseher, WLAN/Wi-Fi, Telefon, Kochnische.
Appartement Best Price Typ1, Best Price, 1 Schlafzimmer, kombiniertes Wohn-/Schlafzimmer, Klimaanlage, Heizung, im Haupthaus, Bad oder Dusche, WC, Fernseher, WLAN/Wi-Fi, Telefon, Kochnische.
Doppelzimmer, ca. 15 m², Klimaanlage, Heizung, Balkon, im Nebengebäude, Dusche, WC, Fernseher, WLAN/Wi-Fi, Telefon
Doppelzimmer Best Price, ca. 15 m², 1. Etage, Klimaanlage, Heizung, Balkon, im Nebengebäude, Dusche, WC, Fernseher, WLAN/Wi-Fi, Telefon.
Einzelzimmer Typ1, ca. 9 m², Klimaanlage, Heizung, im Nebengebäude, Dusche, WC, Fernseher, WLAN/Wi-Fi, Telefon. Gegen Gebühr jeweils: Safe.
Essen & Trinken:
Frühstück: Buffet, Halbpension: Buffet.
Sport/Unterhaltung: Inklusive: Animationsprogramm. 2-mal wöchentlich finden Shows statt. Boccia, Darts, Fitnessraum, Tischtennis, Volleyball, Whirlpool.
Gegen Gebühr: Billard, Minigolf, Paddle-Tennisplatz, Tennissandplätze. 3 Pools.
Insgesamt sehr empfehlenswert!

17 Schlafzimmer (Appartement Best Price Typ1)

18 Bad mit sehr großer Dusche!

3.3. Hotel & Spa S´Entrador Playa

Als letztes Hotel vor dem größten Strand und der ansonsten unbebauten Bucht Cala Guya, liegt in Sichtweite das Hotel S´Entrador Playa (Avda. Cala Agulla 123). Dichter geht es nicht…
Dafür ist es vom Hafen und dem Nachleben etwas weiter entfernt (ca. 15 Gehminuten).
Das 2008 renovierte 4-Sterne-Superior-Haus verfügt über 212 Zimmer auf 4 Etagen und 3 Lifte. Dieses Hotel hat sehr schöne Zimmer, bietet erstklassiges Essen mit Live-Köchen an und verfügt über ein großes Fitness-, Spa- und Wellness-Center: ca. 700 qm (Zutritt ab 16 Jahren), Panoramasauna, türkisches Bad, Salzwasser-Jacuzzi, römische Therme mit Aroma-/Chromotherapie, Erlebnisduschen, kaltes Becken, Ruhe- und Entspannungsbereich mit thermischen Liegen, Hydrothermalbad mit Salzwasser. Ein schönes Wellness-Programm, falls das Wetter mal nicht mitspielt und: Alles inklusive! Beautybehandlungen, Solarium und verschiedene Massagen gegen Gebühr.
Mehr Infos:
http://www.serranohotels.com/hotelsentradorplaya
Doppelzimmer: Für max. 3 Personen. Mit Parkett, Minibar (gegen Gebühr), Klimaanlage (zentral), Mietsafe, LED-SAT-TV, WLAN (gegen Gebühr), Telefon, Bad/Dusche, WC, Föhn, Kosmetikspiegel, Balkon. Einzelzimmer oder Sparzimmer, buchbar. Wahlweise Doppelzimmer mit Meerblick gegen Aufpreis.

Wer auf Komfort und gutes Essen im Urlaub Wert legt sowie ein strandnahes Hotel bevorzugt, ist mit diesem

Hotel bestens bedient! Absolute Empfehlung und ein schöner Luxus für den Urlaub und die Flucht aus dem Alltag.

19 renoviertes Doppelzimmer

20 Bad

3.4. Prinsotel La Pineda

Dieses zentral im Ort gelegene, zuletzt 2013 renovierte 4-Sterne-Hotel besteht aus einem 4-geschossigen Hauptgebäude und 9 Nebengebäuden mit insgesamt 351 Wohneinheiten. Es besticht durch eine großzügige Pool-Landschaft. Die Entfernung zum Hafen und der Cala Guya beträgt jeweils ca. 500 m. Eine Filiale des preiswerten Eroski-Supermarktes befindet sich in derselben Straße.

Verpflegt wird man als Gast hier über 2 miteinander verbundene Restaurants mit Live-Köchen. Damit der Urlaub keine „bleibenden Schäden" an der Figur hinterlässt, eignet sich das vielfältige Sport- und Animationsprogramm als guter Ausgleich.

Unterbringungsmöglichkeiten:
Doppelzimmer mit Klimaanlage (w/k), wahlweise Bad/DU oder DU, Föhn, WC, kl. Kühlschrank, Telefon, Sat.-TV, Mietsafe, Balkon/Terrasse. **App. Typ B** für 2-4 Pers.(ca. 33 qm) bei gleicher Ausstattung (mit Bad, WC) mit separatem Schlafzimmer, Kitchenette. Wahlweise auch als Superior mit bei Ankunft gefüllter Minibar oder als Deluxe mit Terrasse und Minipool. Tägliche Auffüllung der Minibar inkl. 2 Flaschen Mineralwasser.
Insgesamt sind die Zimmer sehr schön und gemütlich und die Verpflegung ist sehr gut. Das Haus rangiert in unserem Test gleich nach dem S´Entrador Playa. Die weiter entfernte Lage zum Strand wird jedoch durch den geringeren Preis wettgemacht.
Mehr Infos: www.prinsotel.es

21 Doppelzimmer

22 Bad

3.5. R2 Bahia Cala Ratjada (ehemals Eva Park)

Beim R2 Bahia Cala Ratjada handelt es sich um das ehemalige Eva Park, das komplett entkernt und saniert 2015 als 4-Sterne-Haus neu eröffnet wurde. Die Anlage ist wirklich schön gestaltet. Der Pool ist klein, lädt aber durch die Gemütlichkeit dazu ein, dort gerne auch länger zu bleiben. Das Hotel liegt in einer ruhigen Seitenstraße zentral im Ort (Av. Floreal-Esquina Magallanes). Die Strände Cala Guya, Son Moll sowie der Hafen sind jeweils ca. 500 m entfernt. Das Haus verfügt über 119 moderne und stylische Zimmer, die sich auf insgesamt vier Etagen verteilen sowie über zwei Lifte erreichbar sind. Auf den Fluren gibt es dezente Lounge-Musik und es liegt ein leichtes Jasminaroma in der Luft.

Folgende Zimmerkonzepte werden angeboten:
Doppelzimmer mit: Flachbild Sat.-TV, Safe, WC/Dusche, Klimaanlage, Minibar, Föhn und Balkon. Die Zimmer sind ebenfalls gegen einen Aufpreis zur Alleinbenutzung oder als Single-Kind-Doppelzimmer buchbar.
Junior Suite: Mit gleicher Ausstattung wie die Doppelzimmer mit zusätzlich Schlafsofa.
Super-Sparzimmer: Ausstattung wie die Doppelzimmer, jedoch nur mit französischem Balkon, der sich bei unserem Testbesuch im Mai 2015 als normales Fenster entpuppte! Ein unfassbar schönes, großes Bad, allerdings leider unerklärlicher Weise ohne Ablageflächen; vielleicht wird das noch nachgerüstet, was wünschenswert wäre. Die "Regendusche" ist der

Hammer und löst während der "Kopfmassage" geradezu ein Feuerwerk aus! Sie werden sehen…

Chillout Zimmer: WC/Dusche, Klimaanlage, Sat.-TV, Fön, Nespresso-Maschine (inklusive Kapseln, Nutzung gratis), Flasche Sekt bei Ankunft, täglich frische Früchte auf dem Zimmer, Bademantel und Slipper, Chillout-Dekoration, Jacuzzi und Balkon.
Tel. 971 595 080

Das Essen ist nicht überragend, aber guter Durchschnitt. Abends wird meistens auch frisch gegrillter/gebratener Fisch angeboten.

Nach dem Abendessen gibt es die Möglichkeit sich im Pool-Bereich ein Unterhaltungsprogramm anzusehen. Die Qualität des Programms war in der Zeit, in der wir dort waren, überdurchschnittlich.

Das Personal im R2 Bahia Cala Ratjada ist freundlich und hilfsbereit, allerdings häufig sehr unsichtbar, was man je nach Situation als Vor- oder Nachteil sehen kann.

Achtung: Bei Sparzimmer-Buchung: Die Zimmer sind winzig und ohne Balkon.

Plus: Freie Getränke beim Essen + an der Bar!

Das Hotel ist exklusiv bei Schauinsland Reisen buchbar.

23 Spar-Doppel-Zimmer ohne Balkon, mit Schiebefenstern

24 großzügiges Bad mit schöner Regen-Dusche, jedoch
    keine Ablage-Flächen und wohin mit den Badetüchern?

3.6. Na Forana Playa

Das 4-Sterne-Hotel Na Forana Playa besticht durch seine erstklassige Strandlage. Direkt von der Terrasse mit Pool fällt man geradezu an den Sandstrand von Son Mol. Viele der insgesamt 210 Zimmer auf 4 Etagen haben Meerblick, so auch das von uns getestete. Das Haus gehört zur alltours-Gruppe und ist daher auch nur über diesen Reiseveranstalter buchbar.

Die großzügige, klimatisierte Eingangshalle mit zahlreichen Sitzmöglichkeiten, sowie 2 Internetterminals lädt insbesondere an heißen Tagen zum Verweilen ein. Das Restaurant mit Meerblick ist ebenso ein Highlight, genau wie die Terrasse, die schon zum Frühstück mit Meerblick einlädt.

Der Hafen ist in ca. 500 m entlang der Küstenpromenade mit zahlreichen Bars, Cafés und Restaurants fußläufig erreichbar. Und, fast wie das Zuhause-Feeling im Urlaub: in der Nähe ist auch ein LIDL-Supermarkt.

Im Na Forana fühlt man sich rundum gut betreut und versorgt. Die Verpflegung ist bei der All-inclusive-Buchung mit Getränken und sorgt dafür, dass man auch gerne mal mit einem Sundowner den Abend auf der Terrasse mit Blick aufs Meer ausklingen lässt. Das abendliche Animationsprogramm ist zeitweise gewöhnungsbedürftig und nicht jedermanns Sache. Für die, die noch weiterziehen wollen oder den Abend einfach nur ausklingen lassen aber ein Ort mit Wohlfühlatmosphäre und Herzlichkeit.

25 Doppelzimmer mit seitlichem Meerblick

26 Blick vom Balkon auf das Meer, Bucht Son Mol

3.7. Beach Club Font de Sa Cala

Das 4-Sterne-Sport-Hotel liegt ca. 4 Km von Cala Ratjada an der kleinen Bucht Font de Sa Cala nur ca. 100 Meter vom Strand entfernt. Der Name rührt von einer kleinen Süßwasserquelle her, die dort ins Meer mündet. Die Zimmer sind frisch renoviert und großzügig geschnitten. Infos: www.beachclub-fontdesacala.com

Der Beach Club umfasst 7 Gebäude mit 3 Etagen und insgesamt 362 Zimmern sowie einem großzügigen öffentlichen Aufenthaltsbereich. Selbst bei schlechtem Wetter hält man sich hier gerne auf. Das riesige, parkähnliche Hotel-Areal von 60.000 qm bietet: Tennisplätze, Massage, Friseur, Volleyball, Bogenschießen, Tischtennis, Fitnesscenter Lionic Gym, Sauna, Aktivitäten für Kinder, Fahrradverleih, Sportkurse, Bars, Disco, Wäscherei, Arzt, Animation, 2 große Swimmingpools (einer davon beheizbar), Sonnenterrasse, Heizung, Restaurants, Restaurant mit Nichtraucherbereich, Konferenzraum, TV Raum, Süßwasserpool, Hallenbad, Miniclub, Supermarkt, Klimaanlage, Safe, Geschäfte, Mietsafe, Satelliten-TV.

Dieses Hotel liegt zwar etwas außerhalb von Cala Ratjada (verbunden durch einen Stadtbus und die "Bimmelbahn"), besticht jedoch durch seine großzügigen, komfortablen Zimmer, sein **umfangreiches Sportangebot** und das sehr gute Essen mit großer Auswahl, Live-Köchen und Gratisgetränken zum Essen. Absolute Empfehlung durch uns! Hier fühlt man sich wohl und wird rundum versorgt.

27 Doppelzimmer mit viel Platz

28 riesengroßer Balkon

3.8. Triton Beach by Crea hoteles

Dieses 2015 komplett neu renovierte 4-Sterne-Hotel liegt in der Calle Magallanes Nr.11 in der Nähe des Hafens nur ca. 100 m von der Bucht Son Moll und nur wenige Schritte von der Küstenpromenade entfernt. Es verfügt über folgende Ausstattung auf 4 Etagen:
- Einzelzimmer: 5
- Doppelzimmer: 61
- Juniorsuiten: 39
- Schwimmbad außen
- Barrierefrei
- Wäscheservice
- Fahrstuhl
- W-LAN
- Ganzkörperspiegel
- Sat-TV
- Nichtraucherzimmer
- Minibar
- Safe im Zimmer gegen 2,50 pro Tag
- Haartrockner

Zimmer mit Meerblick sind gegen Aufpreis buchbar. Die Super-Sparzimmer zum reduzierten Preis sind allerdings ohne Balkon (wir raten davon allerdings ab, weil diese Zimmer meistens extrem klein sind)! Die Saunanutzung und W-LAN sind kostenlos. Akzeptiert werden Visa und Master Card. Das Hotelkonzept richtet sich an Erwachsene. Buchungen für Kinder und Jugendliche unter 16 Jahre sind nicht möglich.

Wir hatten im Mai 2016 ein Zimmer mit Balkon und Meerblick sowie Frühstück gebucht. Ansonsten wollten wir auswärts essen. Wir hätten vor Ort das Abendbüffet

im Hotel mit 15,-- EUR pro Person auch zubuchen können. Das Hotel wirkt schon von außen sehr freundlich. Wie auch im R2 Bahia Cala Ratjada ist die Ausstattung der Bereiche Bar, Rezeption, Pool in einer Kombination aus weiß und Glas gehalten. Bei der Anreise wurden wir an der Rezeption äußerst freundlich begrüßt. Diese Freundlichkeit zog sich auch durch unseren gesamten Aufenthalt. Das Upgrade-Angebot für nur 20,-- EUR pro Tag auf eine Junior Suite mit Meerblick, Jacuzzi im Zimmer, Sofaecke im Eingangsbereich und separater Dusche und WC haben wir dankend angenommen und wurden nicht enttäuscht. Die gesamte Suite war sehr großzügig gestaltet. Der im Durchgang zwischen Vorraum und Schlafbereich befindliche Waschbeckenbereich ist vielleicht nicht jedermanns Sache, uns hat es gut gefallen. Liebevolle Kleinigkeiten, wie Duschgel, Shampoo, Hausschuhe und Bademäntel auf dem Zimmer, die auch bei 4 Sternen nicht in jedem Hotel in Spanien vorzufinden sind, haben uns den Aufenthalt in diesem sehr zu empfehlenden Haus versüßt.
Das Meer und die Küstenpromenade sind nur einen Steinwurf entfernt. Schnell erreicht man den Hafen oder den Strand Son Moll.

Das Hotel verfügt über einen schönen Pool, der selbst in der Nebensaison, täglich gereinigt wird. Es gibt einen ansprechenden Poolbereich mit Liegen und Baldachin-Lounge-Liegen an dem man auch gerne einfach mal mit einem Getränk aus der direkt angeschlossenen Bar sitzt. Der Poolbereich wird dezent mit einer Lounge-Musik beschallt.

In der Nebensaison gibt es ein- bis zweimal in der Woche ein Abendprogramm, das oft aus musikalischen Darbietungen besteht. In der Saison gibt es fast täglich Abendprogramm. Die Lage des Hotels lädt allerdings auch dazu ein, am Abend noch einen Bummel über die Küstenpromenade oder durch die Stadt zu machen und dabei in eines der vielen Lokale einzukehren.

Kontaktmöglichkeit: Tel. 0034 – 971 594040,
Anschrift: Calle Magallanes 11

29 Schlafbereich der Junior Suite mit Jacuzzi

30 Blick vom Balkon auf Innenhof mit Pool + Meer im Hintergrund

3.9. Hotel Cooee

Dass der Name des Hotels auf allen Prospekten etc. in Lautschrift dahinter steht, ergibt wirklich Sinn. Cooee (ku;i), die Bedeutung dieses Namens lautet: „Ich bin hier, wo bist Du?" Das Hotel hat 44 Zimmer und ist für Reisende ab 16 Jahren.

Die Zimmer sind zweckmäßig eingerichtet mit Liebe zum Detail. Im Gegensatz zu anderen Chill Out Hotels gibt es im Bad genügend Ablagefläche. Ein Manko allerdings auch hier, die Unterbringung der feuchten Strandtücher; wer ein Zimmer mit Balkon gebucht hat, kann diese allerdings gut auf dem Balkon aufhängen. Es gibt einen Fön sowie Duschgel, Shampoo etc., wie man es bei einem Hotel dieser Kategorie auch erwarten kann. Es gibt eine Klimaanlage, Fernseher/Radio.

Wir hatten ein Zimmer mit Balkon zur Seitenstraße, waren aber sehr zufrieden damit. Die Zimmer sind sauber, es gibt einen Safe (gegen Gebühr) sowie einen offenen Schrank, der für zwei Personen und einen längeren Aufenthalt etwas klein ist.

Im Zimmer gibt es einen Wasserkocher und eine Minibar, die als Kühlschrank genutzt werden kann. Es gibt kostenloses WLan.

Für alle, die nicht zwingend in einem Hotel an einer Bucht mit Blick aufs Meer unterkommen wollen, ist dieses Hotel unschlagbar. Es liegt einen Steinwurf vom Hafen und direkt am Pinienplatz, auf dem am Samstag auch der

Markt in Cala Ratjada stattfindet. Alles ist fußläufig in ein paar Minuten erreichbar: Bars, Restaurants, Supermärkte, Apotheken und die Hafenpromenade, an der man in den verschiedenen Bars und Restaurants mehr als einen Abend verbringen kann. Ob Tapas, Fisch oder Fleisch, nachmittags Kuchen oder Snacks; hier wird alles angeboten. Die beiden größeren Badebuchten liegen zwar ca. 10-15 Minuten Fußweg entfernt, aber auch das ist kein Argument gegen das Hotel Cooee, es sei denn, man will Strandlage.

Das Hotel ist hell und freundlich, das Personal ist höflich und zuvorkommend. Das Frühstück kann aus einer Frühstückskarte bis 13 Uhr ausgesucht werden. Es gibt verschiedene Frühstücke mit Rühr- oder Spiegelei, Käse, Schinken, amerikanisch mit Pancakes oder englisch mit Bohnen und Würstchen. Als Standard gehört ein Körbchen mit Croissants, Brötchen, Butter und süßen Frühstücksutensilien dazu. Sehr lecker und für mich eine der besten Frühstückskarten, die wir in Spanien je hatten. Abends gibt es die Möglichkeit, im Hotel-Bistro ein Drei-Gang-Menü zu wählen oder im direkt neben dem Hotel gelegenen Restaurant Udon japanisch zu speisen.

Das Highlight zum Schluss: Es gibt eine Dachterrasse mit fantastischem Blick über den Hafen, einen kleinen Pool und sehr schöne Liegen und Sitzecken, auf denen man es sich auch für längere Zeit gemütlich machen kann. Es gibt einen Barservice, da die Bar nicht durchgehend besetzt ist.

31
Doppelzimmer

32
Bad

3.10. Aparthotel Green Garden

Das Aparthotel Green Garden mit 236 klimatisierten Zimmern auf 3 Etagen in mehreren Gebäuden liegt in der Straße „Castellet 59" gegenüber der Haltestelle für die Überlandbusse.

Tel. (+34) 971 064 400, www.gardenhotels.com

Unser sehr ruhiges und sauberes Zimmer hatte im Mai 2017 einen großen Balkon mit einem Wäscheständer, Tisch und Sitzgelegenheiten. Das Zimmer hatte ebenfalls einen Tisch mit zwei Sitzplätzen, leider nur einen Nachttisch, dafür aber eine Küchenzeile mit Ausstattung, u.a. Kühlschrank, Mikrowelle. Man hätte sich also auch selber etwas kochen können. Auf dem Zimmer gibt es einen Tresor gegen eine Miete von 3,50 EUR pro Tag. Sat-TV mit deutschen Fernsehsendern war ebenfalls vorhanden.

Das spanische Frühstücksbuffet war sehr umfangreich. Das Mittag- und Abendessen haben wir hier nicht getestet.

Das Personal war sehr freundlich.

Im Gartenbereich gibt es eine Poollandschaft mit zwei durch einen Wasserfall verbundene Pools auf zwei Ebenen bewacht durch einen Rettungsschwimmer und eine große Showbühne.

33 Doppelzimmer

34 Bad

3.11. Hotel Clumba

Wir waren schon unzählige Male an diesem 3 Sterne Hotel vorbeigegangen und haben es im Mai 2018 nun endlich erstmalig persönlich getestet.
Als erstes besticht es durch seine Lage. Direkt neben dem exklusiven, aber leider unverschämt teuren Hotel Son Moll gelegen, nur wenige Meter vom Strand der Son Moll Bucht entfernt und direkt an der Promenade zischen Bucht und Hafen. Wir buchten ein Zimmer mit Meerblick. Zugegeben etwas teurer als der Standard, aber der Blick jeden Morgen auf das blaue Mittelmeer entschädigt dafür umso mehr! Zur Halbpension gehörten morgens und abends jeweils ein schmackhaftes und sehr umfangreiches Buffet. Absolut lecker und zu empfehlen, da ist für jeden etwas dabei!
Die 133 klimatisierten Zimmer auf 4 Etagen des etwas älteren Hotels sind renoviert und zweckmäßig (siehe Foto). Es gibt einen Pool mit Kinderbecken und Liegen sowie eine Bar. Den Mietsafe (2,50 EUR/Tag) im Zimmer sollten Sie wie immer empfohlen in Anspruch nehmen. Unter der Woche gibt es ein Unterhaltungsprogramm. Die Rezeption ist 24 Stunden besetzt, spricht deutsch, ist sehr freundlich und kompetent. Zur Begrüßung erhielten wir bei unserer Anreise ein Glas Sekt.
Es war sehr sauber und wir haben uns zu jedem Zeitpunkt wohlgefühlt. Super Preis-Leistungsverhältnis!
Pauschal buchbar, z.B. über Neckermann-Reisen oder nur als Hotel über hotel.de. Gehört zur Serrano Gruppe. Calle Nereidas 2, 07590 Cala Ratjada, Tel. 0034 -971 56 31 50, www.serranohotels.com. **2019**: Eingangshalle, Bar und Speisesaal wurden neugestaltet!

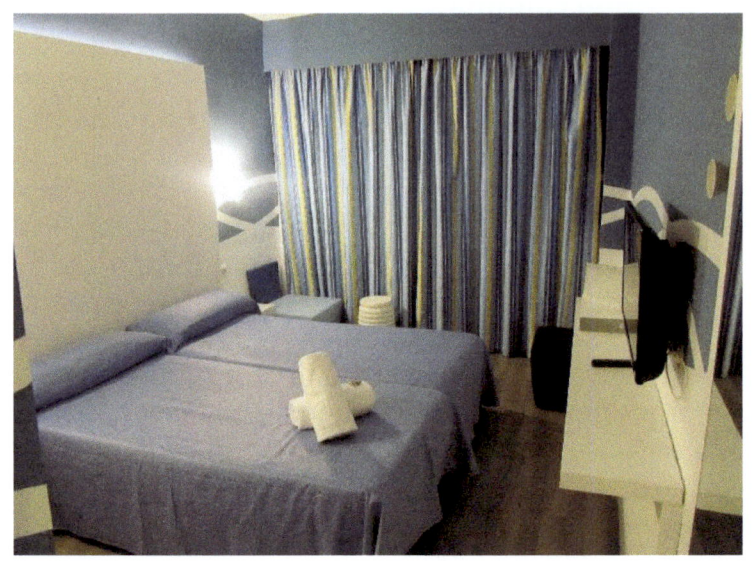

35 Doppelzimmer

36 Bad

4. Strände
4.1. Cala Guya / Cala Agulla (im Nordwesten)

Der Strand der Cala Guya befindet sich im Nordwesten von Cala Ratjada. Er ist 600 m lang und 50 m breit. Es gibt mehrere Strandbars, eine Strandbewachung sowie eine Vermietung von Liegen, Sonnenschirmen und Tretbooten. Gebührenpflichtige Toiletten sind auch vorhanden. Das Hinterland mit Dünen, Bergen und Wäldern steht unter Naturschutz und ist daher nicht bebaut. Das letzte Hotel vorm Strand ist das 4-Sterne-Hotel S´Entrador Playa.

Früher konnte man sich auch in die hügeligen Dünen im Hinterland zurückziehen und dort sein Lager aufschlagen. Dies ist jedoch aus Dünenschutzgründen seit einigen Jahren nicht mehr möglich, so dass es nun im vorderen Strandbereich am Wasser enger und lauter geworden ist. Die Bucht besticht durch die schöne Lage, die Top Wasserqualität und das ruhige Meer!

4.2. Cala Son Moll (im Südwesten)

38

Im Südwesten liegt der Strand von Son Moll direkt am Ende der Promenade zum Hafen. Der Strand ist 260 m lang und 120 m breit. Es gibt direkt am Strand eine Bar, eine weitere am Rande und unzählige Cafés, Bars und Restaurants an der besagten Promenade in Richtung Hafen. Im Hintergrund ist auf dem Foto das 4-Sterne-Hotel Na Forana Playa zu sehen. Strandliegen und Schirme können gegen Gebühr angemietet werden. Da sich umliegend einige Hotels befinden, ist der Strand in der Hauptsaison leider meist sehr voll. Trotzdem fühlt man sich in dieser Bucht sehr wohl. Die Wasserqualität ist sehr gut und der Strand ins Wasser ist flach abfallend.

4.3. Cala Gat (im (Süd-)Osten)

39

Im (Süd-)Osten liegt der Strand der Cala Gat mit dem angrenzenden, gleichnamigen 4-Sterne-Hotel sowie dem ebenfalls angrenzenden Ende des Grundstückes der Villa March. Der Strand ist lediglich 80 Meter lang und 20 Meter breit, so dass es in der Hochsaison oft eng wird. Direkt am Strand gibt es eine kleine Bar mit Sitzgelegenheiten und traumhaftem Ausblick. Von der Bucht führt der gutausgebaute Küstenweg zum Hafen. In die andere Richtung geht es weiter zum Leuchtturm.

Die Bucht ist sehr eng und gut geschützt. Allerdings sammelt sich dadurch manchmal Müll auf dem Wasser. Eine Strandbewachung gibt es nicht.

4.4. Cala Lliteras (im Norden)

40

Im Norden liegt die Cala Lliteras mit den angrenzenden Hotels "Cala Lliteras" (neu gestaltet 2019; 4-Sterne, nicht zu verwechseln mit dem 1-Sterne-Hotel "Lliteras!) und Parque Nereida (3-Sterne). Der dortige Kiesstrand ist nur 5 m lang und 3 m breit. Man kann in der Bucht jedoch sehr schön schwimmen und schnorcheln. Hier starten auch die Tauchausflüge der angrenzenden Tauchschule. Die danebengelegene "Café Bar Sa Cova des Pop" lädt bei gutem Wetter auch über den Badeausflug hinaus zum Chillen ein.

4.5. Cala de Sa Font / Font de Sa Cala

41

Diese Bucht gehört nicht direkt zu Cala Ratjada und ist ca. 4 Km entfernt. Es besteht eine Verbindung mit dem Stadtbus sowie mit der "Bimmelbahn". Das bereits vorgestellte 4-Sterne-Sport-Hotel "Beach Club" ist ca. 100 m vom Strand entfernt. Dieser ist 160 m lang, 100 m breit und flach abfallend. Es findet eine Strandbewachung statt, eine Bar ist direkt vor Ort und Liegen sowie Sonnenschirme können angemietet werden. Eine Surf-Schule gibt es auch hier und es werden diverse andere Wassersportarten angeboten. Fast schon unnötig zu erwähnen, da es in der Hochsaison ein generelles Problem ist: Auch hier wird es also eng wegen der vielen Hotels in der Umgebung.

4.6. Cala Mesquida

42   zu Fuß ca. 3 Km ab Cala Guya über die Berge, 1 Stunde

Der Strand der Cala Mesquida ist 350 m lang und 60 m breit. Der Weg dorthin durch die Berge lohnt sich auf jeden Fall. Ein Teil des wunderschönen Strandes ist als "Nudistenstrand" gekennzeichnet. Aus Naturschutzgründen können die weit ins Hinterland reichenden Dünen nicht mehr genutzt werden. Sie sind abgesperrt und nur über Holzbohlenwege passierbar. Die Sandqualität erinnert an die Karibik. Da die Bucht sehr offen zum Meer ist, herrscht oft starker Wellengang mit gefährlichen Strömungen. Das Baden wird dann durch die Rettungsschwimmer vor Ort untersagt. Sie erreichen die Cala Mesquida von Cala Ratjada aus mit dem Stadtbus oder aber über die Berge auf dem Wanderweg, beginnend am Ende der Cala Guya, siehe Fotostrecke:

43 am Ende der Cala Guya am Haus auf der Landzunge links vorbei

44 Beginn des Weges in die Berge in Richtung Cala Mesquida

45 rechts am Wege, dir. hinter d. Landzunge liegt die FKK-Bucht Cala Moltó

46 weiter entlang des Weges durch das Tor

47 bergauf durch den Wald; Achtung Geröll: Rutschgefahr!

48 den Markierungen am Wegesrand folgen bis Cala Mesquida

5. Lokale

Neben dem bereits erwähnten Küstenweg zwischen Hafen und dem Strand Son Moll mit vielen Lokalen bilden die Straßen C/ Leonor Servera und der davon abgehenden Carrer de l`Agulla in Richtung Strand von Cala Guya die Hauptachsen des touristischen Angebotes mit Lokalen, Shops und Banken.

Bars / Cafés
Angels Music Bar
Leonor Servera 36, gleich vor dem Bolero
E-Mail: info@bolero-angels.com
Telefon 971 563 490

Bierbrunnen
C/ Leonor Servera Ecke Carrer de l`Agulla, hier treten die Ballermann-Sänger auf!
http://www.bierbrunnen.es/cala-ratjada/

Cafe 3
Av. América 4, an der Küstenpromenade,
super Meerblick! Nachmittags lecker Cappuccino und abends einen schönen Cocktail am Meer genießen…
https://www.facebook.com/cafe3mallorca
www.cafe3mallorca.com

Chevy
Hafenpromenade, direkt am Hafen, www.chevypub.com
Tel. 971 818 452, geöffnet von 20.00 – 03.30 Uhr, Dienstag + Freitag live Musik, Samstag Cocktail Party

Chocolate
C/ Leonor Servera,38
Tel. 971 5648 64, www.chocolate-calarajada.com
Hier wärmt sich das Party-Volk auf, bevor es in die Disco geht.

Coco´s Pool Bar
C/ Ramón Franco 4, Tel. 971 818 957
www.cocospool.com

CHUCCA Bar
C/ Méndez Núnez 13, am Ende des Pinienplatzes; Cocktails in bester Qualität vom deutschen Betreiber, bekannt aus der Vox-Reihe "Goodbye Deutschland!", https://www.facebook.com/pages/Chucca-Cala-Ratjada/621766784620291

Gelateria d´es Port
Eis am Hafen
Gabriel Roca 10, Tel. 971 565 090

heladería + café "dolce vita"
Avenida de America 7; leckeres Eis mit super Meerblick!

La Santa Cocktail & Dance Bar
C/ Leonor Servera 29, Tel. 659 955 475 o. 618 145 160
Von 20.00 – 04.00 Uhr

"mirablau"
Lokal direkt am Strand der Cala Mesquida; Alioli y pan für 3,50 EUR als kleiner Snack zwischendurch mit Blick auf das Meer.

Mosquito Bar
Calle Triton 18 Ecke C/ Nereidas, in der Nähe vom Hotel Son Moll Sentits Spa
https://www.facebook.com/pages/Mosquito-Sportsbar/1438201663123718

Noah´s
Avenida America 1-2, 07590 Cala Ratjada

Polynesian Bar (+ Restaurant)
Exotisch und Farbenfroh

Café Bar SA COVA des Pop (Kraken-Höhle)
direkt an der Cala Lliteras; hier gibt es Frühstück ab 09.00, Grill- und Paella-Abende sowie zeitweise Live-Musik; Reservierungen: 871 902 407,
info@sacovadespop.com
https://www.facebook.com/SaCovaDesPop/

Treff Robert
Seit Jahrzehnten an wechselnden Standorten bekannte deutsche Kneipe, Zurzeit: Carrer de l`Agulla 31, Ecke C/ Des Mestre Vicenç Nadal

Diskotheken
Bolero
C/ Leonor Servera 36
Tel. 971 5555 55, www.facebook.com/bolerodisco
www.bolero-angels.com
mit angegliederter Bar „Angels"

und direkt hinter dem Bolero in der Seitenstraße liegen das
Keops und das
Physical
C/ Coconar 17
Platz für bis zu 1.400 Leute, ab 23.00 Uhr
www.grupo-physical.com

Restaurants
Alaska Lounge
Am Promenadenbeginn am Hafen schräg gegenüber vom El Cactus
Tel. 971 819 614

Al Capone
Italienische Küche
Carrer de l´Agulla 78, Tel. 971 564 314

Alcazaba
Calle Castellet 27, Reservierung 971 564 382

Blau
Avd. America 7, Tel. 971 818 643, hier gibt es lecker Fisch! Wir haben uns im Mai 2016 das Tagesgericht „Gulasch" (8,90) und den mallorquinischen Teller (8,50) bestellt. Dabei haben wir schön auf der Terrasse am Meer gesessen. Mehr Urlaub geht nicht! Zum Abschluss gab es noch einen Cappuccino für 2,-- EUR. Frühstück bis 15.00 Uhr für diejenigen, die im Hotel das Frühstück verschlafen haben.

Bon Sol Restaurante
Avd. Cala Agulla 92, Tel. 971 565 966
Schmeißen abends den Grill an, lecker Fleisch und Fisch! Das Schweinefilet für 12,20 war super, die Pizza für 9,90 riesig!
http://bonsol-mallorca.eu/bon-sol-restaurant/

Bon sol Lounge an der Küstenpromenade
Achtung: heißt seit März 2016 „Café del Mar"
Carrer Castellet 1; www.bonsol-mallorca.eu
Paco + Team zaubern ein empfehlenswertes Frühstück; Habe mir im Mai 2016 die Hähnchenbrust für 11,90 EUR bestellt. Dazu gab es Gemüse und zwei Beilagen zur Auswahl. Habe mich für Spinat und Pommes entschieden. Dazu gab es einen super Meerblick und die Bedienung war sehr freundlich und umsichtig.
Tel. 971 819 512

Burger King
C/ Leonor Servera 37
Tel. 971 563 049
www.burgerking.es

Café del Mar
Ehemals **Bon sol Lounge** siehe oben

"Ca´n Pere" Fischrestaurant; jetzt neu: „Xiringuito"
Avda. America 34, Thunfisch in Knoblauchöl für 14,90 unbedingt probieren (getestet im September 2015)! Dazu der einmalige Meerblick auf der vorgelagerten Terrasse auf dem Felsen! Tel. 971 563 005

Ich kenne dieses Restaurant seit Anfang der 1990er Jahre unter dem Namen „Ca´n Pere", damals noch mit einem Boot auf dem Dach. Im Mai 2017 entdeckte ich dann den Namenswechsel zu „Xiringuito", neue Bestuhlung, neue Farbe, das Essensangebot mit Fisch ist das gleiche geblieben.

Ca`n Tomas Pizzeria
Gute und günstige Pizza an der Küstenpromenade nähe Hafen

El Cactus
Eleonor Servera 83
Tel. 971 564 609
www.el-cactus.de
rustikal, ohne Außenbereich, Deutscher Betreiber; hier trifft man schon mal den Dieter (Bohlen)

Es Port Restaurante
In der Nähe der Galerie von Frank Krüger zu finden mit Blick auf den Hafen. Tapas Teller (10 Stück) für 2 Personen für 19,90 EUR; uns hat es geschmeckt!
Paseo Colón 14, Tel. 971 818 538,
es.port.restaurante@gmail.com
Inhaber: Karianne Johansen, Mauricio Raij

HEIDI Schnitzelhütte
Carrer de l´Agulla 48, Am Park des Kulturzentrums;
Telefon: 689 263 067, www.schnitzelhütte.ch

LLAGOST Tapas Bar
Hat über 50 verschiedene Tapas im Angebot. Wir haben uns für die Überraschungs-Platte für 2 Personen für 25,-- EUR entschieden und wurden nicht enttäuscht! Als Nachtisch gönnten wir uns in der Pfanne geröstete Heuschrecken mit Schoko-Dip für 2,90 EUR. Lecker! Curry-Wurst oder Hähnchen mit Pommes kann man hier aber auch gerne mal essen.
L´Agulla 45, Tel. 971 566 659

König Garten
Carrer de l´Agulla 95, www.koniggarden.es
Der beste Erdbeerkuchen der Stadt! Ein Stück + Kaffee/Cappuccino/Kakao satt für nur 3,90 EUR (Stand: Mai 2017).
Ab 09.00 Uhr großes Frühstücksbüfett, nachmittags Kuchen und abends bis 03.00 Uhr Musik mit DJ und live Events. Auch die belegten Baguettes als kleines Mittagessen sind sehr zu empfehlen (con jamón serrano y queso für jeweils 3,90 EUR).

Los Olivos
Carrer de l´Agulla 100, gegenüber vom König Garten
Tel. 971 563 676, Mobil: 665 873 767
http://spaces.msn.com/olivos5/

Mama Pizza
Avda. America 6
Tel. Tischreservierung 971 563 740
oder info@mama-pizza.com
Zwei Tage vorher erforderlich!
www.mama-pizza.com

MB 30 von Mario Basler
2019 hat Mario Basler am Hafen ein Restaurant eröffnet. Mit etwas Glück trifft man ihn auch an und kann ein Selfie mit ihm schießen.
Calle del Castellet 3, Tel. 971 818 896
https://www.facebook.com/MB30Mallorca/

OLYMP Griechisches Restaurant
Unter deutscher Leitung; gutes Essen zum kleinen Preis!
C/Leonor Servera 32, Tel. 971 819 039; 12.00-24.00 h
www.facebook.com/olymp.calaratjada
auch bekannt aus der Vox-Reihe "Goodbye Deutschland!", die Inhaber waren mal Chef von "Mallorca-Jens" Büchner
Achtung: Erst wurde das Lokal verkauft und seit 2019 ist es endgültig geschlossen! Schade…

O` sole Mio
Italiener, www.osolemiomallorca.com
Paseo Colon 15, direct am Hafen, Tel. 971 564 650
Reservierung 971 564 650

Xiringuito, siehe (ehemals) Ca´n Pere

6. Ausflüge / Touren

Für alle unsere Touren wird ein Mietwagen benötigt.

6.1. Ca´n Picafort, Port d´Alcúdia, Port de Pollença

Unser erster Tagesausflug wird uns entlang der Nordküste über die Haltepunkte Ca´n Picafort, Port d´Alcúdia bis nach Port de Pollença und wieder zurück nach Cala Ratjada führen.
Insgesamt beträgt die reine Fahrtzeit mit dem Mietwagen für eine Strecke lediglich ca. 1 bis 1 1/2 Stunden. Man sollte allerdings viel Zeit einplanen, um an den verschiedenen Punkten auch einfach ein bisschen bleiben und genießen zu können und man sollte bei jedem dieser Ausflüge Badebekleidung, Handtücher, Trinkwasser und eine Kleinigkeit zu Essen mitnehmen.

Nachdem wir in Cala Ratjada gestartet sind, fahren wir zunächst in Richtung Capdepera, daran vorbei und dann weiter in Richtung Artà und durch Artà hindurch. Am ersten Kreisverkehr nach der Stadt folgen wir der Ausschilderung in Richtung Ca´n Picafort / Alcúdia.

Schon nach einer halben Stunde machen wir den ersten Zwischenstopp in Ca´n Picafort. Wir stellen das Fahrzeug in einer der rechten Seitenstraßen ab. Wenn man die Seitenstraße nach rechts hinunterschaut, sieht man bereits das blaue Meer. Falls man das Wasser noch nicht sieht, wählt man einfach eine andere Querstraße und geht bis zum Wasser. Beeindruckend ist die sehr lange Küstenpromenade, an der sich zahlreiche, oftmals

deutschsprachige Lokale aneinanderreihen. Hier kann man flanieren und sich in ein nettes Lokal mit Sicht auf die riesige Bucht von Alcúdia setzen. Auch eine kilometerlange Wanderung barfuß am Strand ist zu empfehlen. (Bild 49)
In der zweiten Reihe, parallel zur Küstenpromenade sowie in den Fußgängerzonen, die wiederum parallel zu den Seitenstraßen verlaufen, finden Sie das übliche touristische Angebot (wer will sich zu Hause schon ohne Souvenir blicken lassen).

Wir fahren weiter zu unserem nächsten Stopp in Port d´Alcúdia, den wir bereits nach 15 Minuten erreichen. Hier parken wir auf der Höhe von Burger King / LIDL auf der rechten Seite in einer Nebenstraße, um dort am Strand entlang zu Fuß in Richtung Hafen zu gehen. Diesen sagenhaft großen Strand sollten Sie gesehen haben und vielleicht nutzen Sie auch die Möglichkeit für ein erfrischendes Bad im Meer. Selbst in der Hauptsaison ist der Strand für Mallorca-Verhältnisse nicht überfüllt und gleicht optisch ein wenig den Stränden, die man sonst nur mit der Karibik in Verbindung bringen würde. Alles dort riecht nach Urlaub, Sonne, Meer und einer entspannten Auszeit vom Alltag. (Bild 50)

Und schon geht es weiter zum heutigen Endpunkt unseres Ausfluges nach Port de Pollença, den wir nach weiteren 15 Minuten erreichen werden. Wir fahren entlang der Küstenstraße, die teilweise direkt neben dem Strand der Bucht von Pollença verläuft. Sie haben einen herrlichen Blick auf das Wasser und die dort Wassersporttreibenden. Am Ende dieser Straße kommen wir zu einem Kreisverkehr. Folgen Sie nicht der Ausschilderung nach Port de Pollença. Hier landen Sie nur auf einer Umgehungsstraße. Nehmen Sie stattdessen die erste Ausfahrt aus dem Kreisverkehr mit dem gelben Hinweisschild "Port" und fahren Sie weiter entlang der Küste in Richtung Ortszentrum. Irgendwann kommt rechts der breite Bade-Strand des Ortes. Hier können Sie rechts parken und gegebenenfalls ein wundervolles Bad im Meer nehmen. Fahren Sie weiter in Richtung Hafen und folgen Sie der Ausschilderung in Richtung des Hotels Illya d'Or. In der "zweiten Reihe" bzw. in den Seitenstraßen können Sie kostenfrei parken (weiße Streifen = frei). Nun können Sie den Ort und insbesondere die tolle Promenade entlang des Wassers erkunden (Bild 51).

Auf der einen Seite der Bucht befindet sich der bereits erwähnte Sandstrand, der zum Baden einlädt. Auf der anderen Seite finden Sie die mit Bäumen gesäumte, schattige Küstenpromenade, auf der man auch an heißen Tagen einen Spaziergang machen kann. Der Strand ist dort sehr schmal und durch Stege unterbrochen, was dem ganzen aber ein bisschen mehr südliches Flair verleiht und an das Italien der 70er Jahre erinnert.

Wir sind im "Gran Café Cappuccino" im Erdgeschoss des Hotels Sis Pins eingekehrt und haben uns auf der traumhaften Terrasse mit Blick auf die Bucht sowie die startenden Wasserflugzeuge der Brandbekämpfungseinheit niedergelassen (Bild 52). Probieren Sie den pastel de chocolate con helado. Insgesamt sicherlich nicht ganz billig (für 2 Stücke Kuchen und 2 Latte

Macchiato lagen wir schon über 20 EUR), aber das Ambiente und die Aussicht sind es wert und sorgen für einen unvergesslichen Moment in Ihrem Mallorca-Urlaub.
Infos:
http://www.grupocappuccino.com/cappuccino-port-de-pollenca

Unser erster Ausflugstag neigt sich dem Ende und wir fahren zurück nach Cala Ratjada. Sicher könnte man an einem Tag auch „mehr" schaffen, aber wir haben die Ausflüge so angelegt, dass es ein entspannter Tag wird, an dem man angenehm erschöpft und voller wunderschöner Eindrücke ins Hotel zurückkommt.

49 Beginn der Küstenpromenade von Ca´n Picafort beim Hotel Miramar

50 Strand von Port d´ Alcúdia mit viel Platz und feinem Sand

51 idyllischer Verlauf der Küstenpromenade von Port de Pollença

52 auf der Terrasse des "Gran Café Cappuccino" im Hotel Sis Pins

6.2. Sóller, Palma, Port de Sóller

An unserem zweiten Ausflugstag brechen wir frühzeitig gleich nach dem Frühstück mit unserem Mietwagen in Richtung Palma auf, da wir noch auf andere Verkehrsmittel umsteigen und ein großes Tagesprogramm vor uns haben.

Wir fahren zunächst wieder in Richtung Capdepera, durch Artà durch und folgen diesmal am Kreisverkehr der Beschilderung in Richtung Manacor / Palma. Wir umfahren Manacor auf der Umgehungsstraße und weiter auf der Ma-15 in Richtung Palma. Vermeiden Sie es unbedingt in die Stadt hineinzufahren und bleiben Sie auf den Autobahnen. Zunächst in Richtung Andratx bis die erste Ausschilderung "Sóller" zu sehen ist. Dann folgen Sie dieser. Danach kann man sich entscheiden entweder 14 Km durch die Berge oder 7 Km durch den Tunnel für ein Entgelt von 5,-- EUR zu fahren. Wir raten zum deutlich schnelleren und Nerven sparenden Tunnel, wenn auch die Fahrt über die Berge sicherlich ihre Reize hat. In Sóller angekommen, folgen wir der Parkplatzausschilderung und stellen unser Fahrzeug für ein Tagesticket von 6,-- EUR auf dem Parkplatz "Cetre" in der Carrer de Cetre hinter der Busstation ab. Es geht zu Fuß weiter durch den Ort zum Bahnhof für die Eisenbahn nach Palma (Estación de Ferrocarril de Sóller). Dort kaufen wir die Fahrkarten am Schalter oben auf dem Bahnsteig (jeweils ab einer halben Stunde vor Abfahrt möglich). Die einfache Fahrt kostet pro Person stolze 15,-- EUR (2017: jetzt 18,-- EUR!), mit Rückfahrt 21,-- EUR. Wir buchen nur die Hinfahrt nach Palma. Wer

noch Zeit hat bevor der Zug kommt, kann im Ort einen Kaffee auf dem atemberaubend schönen Marktplatz trinken oder für kleines Geld einen frischgepressten Orangensaft mit Orangen aus der Region direkt auf dem Bahnsteig genießen. Bei unserem Tourentest haben wir den Zug um 12.15 Uhr genommen (Bild 53). Es lohnt sich auf jeden Fall einen Moment auf diesem Bahnsteig zu sitzen. Die Lage ist so idyllisch, dass man sich schnell in die Zeit von vor 100 Jahren zurückversetzt fühlt. Dort ist man trotz der ebenfalls wartenden Mitfahrer fernab von allem Trubel in einer Welt, die nach Süden, Sonne und Orangen riecht. Der Bahnhof ist insgesamt wunderschön gestaltet mit liebevollen Details, wie z.B. das Bild von Miró. Die Anlage wirkt so gepflegt, dass man während des Wartens fast ein bisschen das Gefühl bekommt in einer Anlage eines Freizeitparks zu sitzen; inklusive der Geräuschkulisse, die durch Vogelgezwitscher, Stimmengewirr und flirrender Atmosphäre bestimmt wird. Die Zugfahrt insgesamt ist wie ein Ausflug in eine längst vergessene Zeit und führt auf einer unglaublich schönen Strecke durch viele Tunnel, Orangenhaine und durch die Berge. Die Zeit scheint in diesem Zug einfach stehengeblieben zu sein. Die Fahrt selbst ist nostalgisch, ruckelig und wird begleitet vom ständigem Hupen und Klingeln des Zuges. Sie geht in einer für den nostalgischen Zug berauschenden Geschwindigkeit durch kleine Orte und Orangenhaine. Die Liebhaber der Augsburger Puppenkiste werden sich nicht gegen das aufkommende Lummerland-Feeling wehren können.
Den aktuellen Fahrplan der Sóller-Bahn gibt es hier: http://www.trendesoller.com

Nach etwa 1 Stunde Zugfahrt sind wir in Palma zentral am Plaça d´ Espanya angekommen. Hier, direkt neben der Estació Intermodal (der unterirdischen Abfahrtstation für Busse und die Bahn nach Inca und Manacor) befindet sich auch die Touristeninformation, bei der Sie sich einen kostenlosen Stadtplan besorgen sollten. Wir überqueren die Straße, den Platz mit dem Denkmal und biegen dann links in die "Carrer de Sant Miquel" ein. Dann immer geradeaus durch die Alt-Stadt, über den Plaza Mayor de Palma, weiter durch die "Carrer de Colom" und nachfolgend durch die "Carrer del Palau Reial" bis zur Kathedrale "La Seu". Die Kathedrale mit angeschlossenem Museum kann für 7,-- EUR besichtigt werden. Bitte denken Sie dabei an angemessene Kleidung für ein derartiges Haus. (Bild 54)

Aktuelle Infos zu Öffnungszeiten und Preisen: http://www.catedraldemallorca.info

Nach der Besichtigung gehen wir die Treppen hinunter zum Parc de la Mar mit dem künstlichen See und der Fontäne. Seien Sie vorsichtig, sollten Sie hier auf die sogenannten Blumenfrauen treffen. Diese freundlichen Damen stecken Ihnen Blumen an und versuchen Sie dann anschließend um Ihr Bargeld zu erleichtern. Diese Masche ist seit Jahrzehnten bekannt, scheint jedoch noch immer zu funktionieren. Mal ganz ab von diesem Sicherheitshinweis ist dieser Ort einfach an Atmosphäre kaum zu überbieten. Es gibt Straßenverkäufer, Straßenkünstler, Maler denen man bei der Arbeit zusehen kann und manchmal auch für kleines Geld eine individuelle Urlaubserinnerung, die man mit nach Hause nehmen kann.

Wir biegen dann rechts ab in die "Avinguda d'Antoni Maura" und gehen weiter geradeaus über den Kreisverkehr hinweg in die berühmte Flanier- und Einkaufsmeile "Passeig del Born". Insbesondere die großzügige Fußgängerzone in der Mitte der Straße mit den herrlichen Baumreihen und schattigen Sitzplätzen sollte man gesehen haben. Mag sein, wir sind vergnügungssüchtig, aber auch hier kann man sich mal wieder auf ein Käffchen niederlassen, um zu entspannen und, wer es so gerne mag wie wir, „Leute zu gucken". Hier herrscht ein buntes Treiben von Spaniern und Touristen.

Danach geht es weiter zum Plaça d´Espanya, um in der bereits erwähnten unterirdischen Estació Intermodal in der Ebene -2 den Bus der Linie 211 um 16.45 Uhr nach Port de Sóller zu nehmen. Das Ticket können Sie beim Busfahrer für 3,20 EUR pro Person erwerben. (http://www.tib.org/portal/de/web/ctm/autobus/linia/211)

Um 17.20 kommen wir in Port de Sóller an und gehen die letzten Schritte zu Fuß zum Hafen. Nach Erkundung des Ortes kehren wir im Restaurante Mar y Sol am Bahnhof der Straßenbahn mit Blick auf das Hafenbecken ein und bestellen uns einen Café con leche und einen leckeren Nugateisbecher. Was auch immer sie dort Essen oder trinken: Diesen Ausblick vergessen sie nie. (Bild 55, http://restaurantemarysol.es)

Sie sollten sich allerdings vorher den Fahrplan der Straßenbahn ansehen, damit Sie nicht, so wie wir beinahe, den Anschluss zur Rückfahrt nach Sóller verpassen. Die Fahrt mit der Straßenbahn (Bild 56) vom Hafen zum Stadtzentrum für EUR 5,50 (2017: jetzt 7,-- EUR!) durch Orangenhaine sowie die Gärten und

Hinterhöfe der Einwohner ist auch wieder ein Erlebnis für sich. Zurück im Zentrum nehmen wir dann unser Auto und machen uns auf die 1 1/2-stündige Heimfahrt über Palma in Richtung Manacor, durch Artà nach Cala Ratjada.

53 Eisenbahn von Sóller nach Palma

54 Besichtigung der Kathedrale von Palma de Mallorca

55 Restaurante Mar y Sol am Hafen von Port de Sóller

56 Straßenbahn von Port de Sóller nach Sóller

6.3. Manacor, Valldemossa

Ausgeschlafen und mit einem guten Frühstück, das wir auf der Terrasse genossen haben, machen wir uns auf zu unserem 3. Ausflugtag. Wieder fahren wir zunächst in Richtung Capdepera, durch Artà durch und folgen diesmal am Kreisverkehr der Beschilderung in Richtung Manacor / Palma.
Wir fahren auf der Umgehungsstraße Ma-15 in Richtung Palma, um Manacor herum und nehmen im letztmöglichen Kreisverkehr auf der Rückseite des Ortes die Ausfahrt nach Manacor. In der "Via Palma Nr. 9" auf der rechten Seite befindet sich der ausgeschilderte Fabrik-Shop des Perlenherstellers MAJORICA (http://www.majorica.com/en/where-we-are), den wir insgesamt nach einer halben Stunde Fahrtzeit erreichen.

Die Mallorca-Perlen als eines der lokalen Produkte und deren Herstellung sollte man gesehen haben (Bild 56). Früher konnte man sogar den echten Produktionsbetrieb in der Fabrik besichtigen. Dies ist seit einigen Jahren nun leider nicht mehr möglich. Im ersten Stock des heutigen Shops werden jedoch die Herstellungsmethoden per Video und beispielhaften Show-Betrieb dargestellt. Die Endprodukte können vor Ort gekauft und als landestypische Mitbringsel für die Lieben Zuhause mitgenommen werden. Und ja, wir gestehen es: Wir fahren fast nie nach Hause ohne dort etwas für den nächsten Geburtstag oder Weihachten oder irgendeinen anderen Anlass mitzunehmen.
Es gibt, außer des wirklich schönen Schmucks, noch einen weiteren Grund wachsam zu sein: im

Verkaufsraum im Erdgeschoss gibt es verschiedene Werbebroschüren. Dort gibt es auch einen Flyer, mit dem wir bei unserem weiteren Ziel in Valldemossa auf den Eintrittspreis in das Kloster 10% Ermäßigung erhalten. Unbedingt mitnehmen! (Aufdruck: 10% Dto. Real Cartuja de Valldemossa).

Wir fahren zurück in den Kreisverkehr und nehmen die Ausfahrt nach Palma. Wir fahren nicht in die Stadt hinein. Es geht auf den Autobahnen weiter in Richtung Andratx, bis wir die erste Ausschilderung nach "Valldemossa" sehen, dann folgen wir dieser. Nach weiteren 50 Minuten Fahrtzeit ab Manacor in Valldemossa angekommen, fahren wir über den Bushaltestellenbereich auf den dahinterliegenden, gebührenpflichtigen Parkplatz. Sie können dann dort gegen Gebühr oder etwas weiter im hinteren Bereich in einer der Seitenstraßen kostenfrei parken. Dafür müssen Sie dann etwas laufen..., da die Straßen aber eher kleinen, schmucken Gassen gleichen, kann man auch diesen Spaziergang auf sich nehmen.

Folgen Sie der Ausschilderung in Richtung "Real Cartuja de Valldemossa + WC". Schauen Sie sich zunächst den wunderschönen Rosengarten hinter dem Kloster an, bevor Sie das Kloster besichtigen (Bild 58). Ja, Sie besichtigen das Kloster. Wenn wir die Chance haben, Sie zu irgendwas zu zwingen, dann zu einem Besuch im Kloster von Valldemossa. Alleine der Ausblick in das Tal und die liebevoll bepflanzten Gärten hinter den Klosterzellen machen einen Besuch unverzichtbar, egal, ob Sie eigentlich zu den typischen Klosterbesuchern gehören oder nicht. Leider wurden aufgrund eines Rechtsstreites um die Finanzen der Eintrittspreis gesplittet und sogar zwei Kassen aufgebaut. Auf alle

Fälle sollten Sie den größeren Hauptteil des Klosters für 8,50 EUR pro Person (abzüglich 10% gegen Vorlage des Flyers aus Manacor) besichtigen (2017: Normalpreis 9,50 EUR!). In dem Kloster verbrachten die Schriftstellerin George Sand und der Komponist Frédéric Chopin den Winter 1838/39. Über diese Zeit verfasste Sand einen lesenswerten Reisebericht ("Ein Winter auf Mallorca"), wobei aufgrund des Inhalts verwunderlich ist, dass die Mallorquiner die beiden Reisenden heute so verehren. Es legt manchmal die Vermutung nahe, dass die Mallorquiner dieses Buch eigentlich nicht gelesen haben können.
Mehr Infos zum Kloster:
www.cartujadevalldemossa.com

Wie dem auch sei:
Sie sollten auch durch den wunderschönen Ort und seine idyllischen Gassen der Unterstadt in Richtung Dorfkirche streifen (Bild 59). Kehren Sie zum Abschluss in eines der Cafés ein und genießen Sie das Dorfambiente. Auch in Valldemossa gibt es übrigens ein Grand Café Cappuccino, das Sie bereits in Port de Pollença an unserem ersten Ausflugstag kennengelernt haben, für die Preise gilt dasselbe wie in Port de Pollença, für den Service und die Qualität auch; da muss jeder selber entscheiden, wo seine finanzielle Schmerzgrenze liegt. Die besondere Atmosphäre lässt sich in jedem andern Lokal in diesem Ort genauso gut genießen. Dann wird es Zeit für die Rückfahrt über Palma in Richtung Manacor. Kurz vor unserem Heimatort machen wir noch einen Abstecher an die ausgeschilderte Cala Torta (eine Nachbarbucht der Cala Mesquida), die wir nach ca. 2

Stunden Fahrtzeit von Valldemossa aus erreichen (Bild 60). Es geht eine ganze Weile durch die Berge und der letzte Teil der Strecke geht über eine üble Buckelpiste mit tiefen Schlaglöchern bis fast kurz vor den Strand. Fahren Sie bitte sehr langsam und vorsichtig! Am Ende erwartet Sie ein schöner 130 m langer und mindestens 80 m breiter Strand, der aufgrund seiner Lage nicht besonders überlaufen ist. Definitiv ist diese Bucht wegen der problematischen Anfahrt die gewesen, über die wir am meisten diskutiert haben. Die Anfahrt ist wirklich nicht ohne, die Bucht allerdings entschädigt für Vieles. Also lautet der Rat: hinfahren und zwar langsam und vorsichtig; dann ausführlich genießen und vor Ort nicht an den Rückweg denken.

Wir genießen erstmal eine Abkühlung im Meer, bevor wir den Rest unserer Rückreise nach Cala Ratjada antreten.

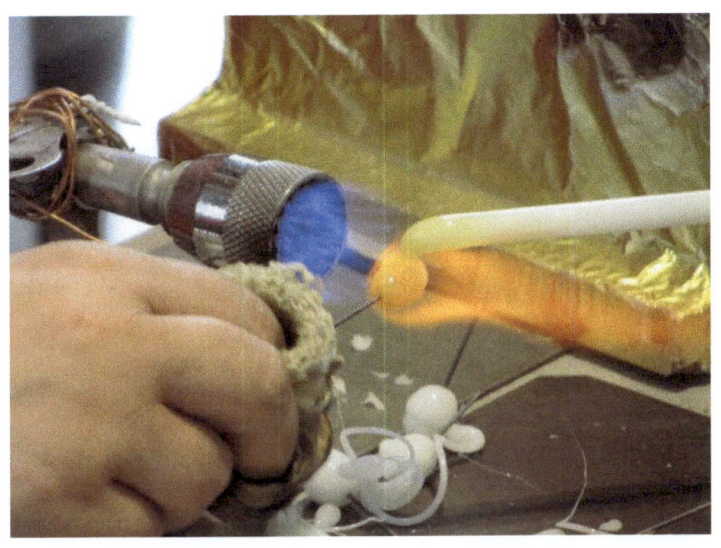

57 Perlenherstellung bei MAJORICA in Manacor

58 Kloster: Real Cartuja de Valldemossa

59 Gassen der Unterstadt in Valldemossa

60 Cala Torta

6.4. Manacor, Portocristo und die Höhlen

Unser vierter Ausflug führt uns nach Portocristo und zu den berühmten Drachenhöhlen (Coves del Drac). Sollten Sie den Ausflug nach Valldemossa mit Zwischenstopp bei MAJORICA in Manacor noch nicht absolviert haben, besteht nun die Möglichkeit zum Besuch im Fabrik-Shop, da wir sowieso in Manacor vorbeikommen.
Wir starten in Cala Ratjada zunächst wieder in Richtung Capdepera, durch Artà durch und folgen am Kreisverkehr der Beschilderung in Richtung Manacor / Palma.
Wir fahren auf der Umgehungsstraße Ma-15 in Richtung Palma, um Manacor herum und nehmen im letztmöglichen Kreisverkehr auf der Rückseite des Ortes die Ausfahrt nach Manacor. In der "Via Palma Nr. 9" auf der rechten Seite befindet sich der ausgeschilderte Fabrik-Shop des Perlenherstellers MAJORICA (Bild 61).
Anschließend fahren wir diesmal nicht zurück zum Kreisverkehr, sondern folgen weiter der Via Palma stadteinwärts, halten uns rechts (Carretera Torrent) und richten uns nach der Ausschilderung nach Portocristo (Straße Ma-4020). In Portocristo gibt es noch die Coves dels Hams, die wir diesmal jedoch nicht besuchen wollen. Wir wollen zu den Coves del Drac (den Drachenhöhlen) mit dem weltberühmten unterirdischen Martelsee, auf dem uns ein Konzert und eine Bootsfahrt erwarten. Wir haben zwei Möglichkeiten dorthin zu gelangen. Entweder fahren wir durch den Ort Portocristo hindurch und biegen dann am Hafen rechts ab in Richtung Drachenhöhlen (überqueren dabei eine Brücke), oder wir nehmen noch vor Erreichen des Ortes nach der Tankstelle auf der linken Seite im Kreisverkehr die Abzweigung in Richtung

Porto Colom und biegen dann im zweiten Kreisverkehr auf der Ma-4014 in Richtung Portocristo mit den davorliegenden Höhlen ab (Ctra. les Coves, s/n, 07680 Porto Cristo). Am besten folgen Sie der Ausschilderung vor Ort. Der Eintrittspreis beträgt 14,50 EUR pro Person/Erwachsene.
Nähere Informationen unter:
http://www.cuevasdeldrach.com/

Die gesamte unterirdische Tour inkl. Konzert dauert ca. 60 bis 90 Minuten, je nachdem, ob Sie am Schluss noch die Bootsfahrt auf dem Martelsee mitmachen oder den Weg über den Parallelweg zu Fuß zum Ausgang wählen. Leider erfolgt keine "geführte" Tour mit Hinweisen. Das Konzert umfasst ca. 5 Lieder. Die Benutzung vom Blitz beim Fotografieren ist nicht gestattet! Auch das Konzert darf weder fotografiert noch mitgeschnitten werden.

Nach der Besichtigung fahren wir zurück in die Stadt und erkunden den Ort mit seinem schönen Hafen mit der imposanten Steilküste (Bild 62).

Wir verlassen den Ort und fahren gleich nach der Ortsgrenze auf die Ma-4023 in Richtung Cala Millor / Son Servera. Haben wir noch genügend Zeit, können wir einen kleinen Abstecher nach Cala Millor mit seinen schönen Einkaufs-Fußgänger-Zonen machen. Dann geht es weiter auf der Ma-4023 nach Son Servera, von da aus weiter auf der PM-404 nach Capdepera und das letzte Stück nach Cala Ratjada auf der Ma-15.

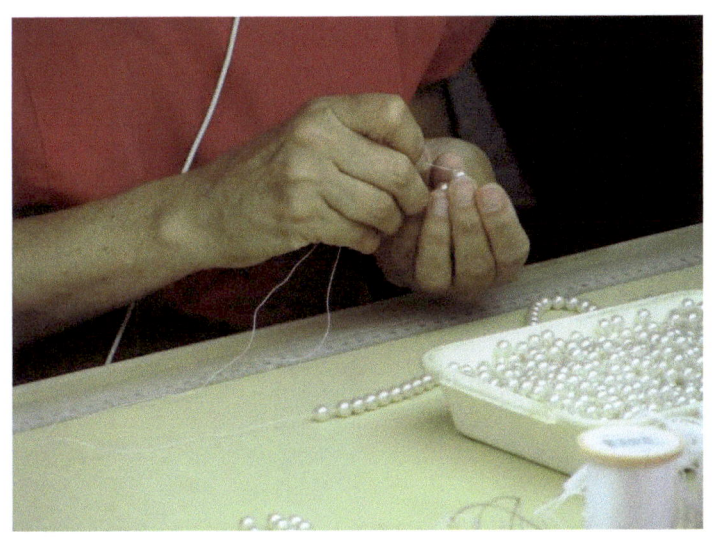

61 Perlenproduktion bei MAJORICA in Manacor

62 Portocristo mit imposanter Steilküste

6.5 Kurztrip zum Castell de Capdepera

63 Eintritt 3,-- EUR; schöne Anlage

64 super Rundblick und Überblick über Cala Ratjada

7. Karten von Cala Ratjada

„© OpenStreetMap-Mitwirkende" 2015

„© OpenStreetMap-Mitwirkende" 2015

8. Karte Mallorca

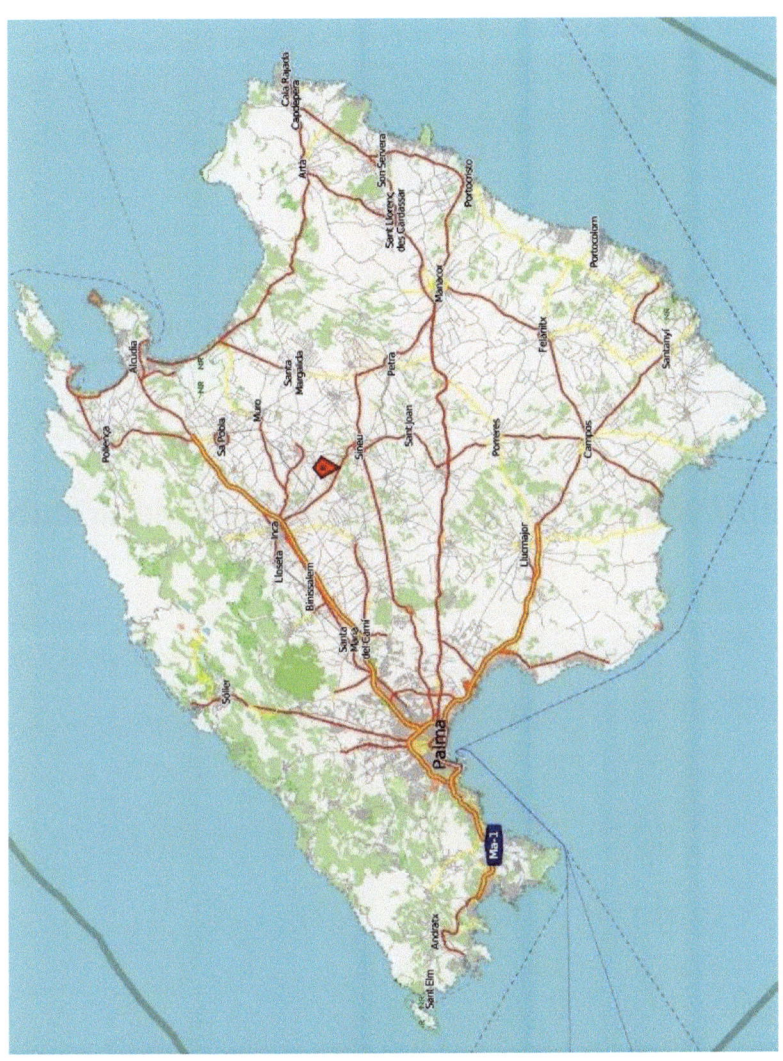

„© OpenStreetMap-Mitwirkende" 2015

Die Karten von Cala Ratjada und weitere Fotos sowie aktuelle Informationen finden Sie auf unserer Seite zu diesem Buch bei Facebook:

http://www.facebook.com/cala.ratjada.urlaub

9. Wichtige Kontakte, Feste + Termine

Spanische Vorwahl bei den nachfolgend angegebenen Rufnummern unter Umständen erforderlich (z.B. bei der Nutzung des deutschen Handys): 0034
Die Straßennamen auf Karten, im Internet etc. und in der Realität weichen manchmal mehr oder weniger voneinander ab. Je nachdem, ob es sich um die Sprachen Castellano (Hochspanisch) oder Mallorquin (örtlicher Dialekt) handelt. Wir gebrauchen zur Gewöhnung beide Versionen, also bitte nicht wundern!

Apotheke:
Farmacia Partera Fuentes
Via de Mallorca 29, Cala Ratjada.
Tel.: 971 5630 61
Mo-Sa 09.00 – 21.00 Uhr

Farmacia Antich Rojas
(an der Hauptstraße)
C/ Leonor Servera 51
Tel. 971 5633 95
Täglich 09.00 bis 22.00 Uhr

Farmacia Garcia Bartolome, Sonia
Carrer de l`Agulla 96, Cala Ratjada
Tel: 971564301
Mo-Fr 09.00 bis 22.00 Uhr
Sa+So 09.00 bis 21.00 Uhr

Farmàcia Sirer
Ctra. Sa Pedruscada, 9-Cantonada Son Bessó - Cala Ratjada
Tel.: 971 819 133
Mo-Sa 09.00 bis 21.00 Uhr
So 10.00 bis 13.00 Uhr

Arzt:
Praxis für Allgemeinmedizin
Dr. Werner Bredemeier
Carrer de l`Agulla 16, 07590 Cala Ratjada
(direkt gegenüber der Kirche)
Telefon: 971 818 677
Mobil: 618 900 637
E-Mail: bredemeier@arzt-in-cala-ratjada.de
Internet: www.arzt-in-cala-ratjada.de

Dr. Carlos de Quero Kops
C/Leonor Servera 10
667 803 342

Deutscher Arzt in Artá
Dr. med. Raph Ocker, Allgemein- und Sportmedizin
Avda. Costa i Llobera 55, Tel. 971 835 064, Notfall: 628 862 905

Banken
auf der Hauptachse C/ Leonor Servera und der davon abgehenden Carrer de l`Agulla findet man zahlreiche Banken und Geldautomaten:
Banco Sabadell, Banca March, Santander, BBVA…

Bus nach Palma
Der Bus der Linie L 411 nach Palma hält in Cala Ratjada an folgenden Haltestellen (einfache Fahrt 2017: 11,05 EUR):
C/ Elionor Servera, 7
Apmt. Garden
Av. Cala Agulla, 116
Av. Cala Agulla, 55
C/ Reis Catòlics
C/ Juan Sebastián Elcano, 9
Son Moll

Castell Capdepera
Eintritt 3,-- EUR, sehr schöner Blick über Cala Ratjada und Umgebung, www.calaratjada.net/castell-de-capdepera-mallorca.html

Fahrräder Vermietung
Schulz & Junior Rent a bike Cala Ratjada
Avda. Cala Agulla 86 B + Calle Nereida 29
Tel. 971 588 088 + 619 410 651
Neben verschiedenen Arten von Fahrrädern auch Motorroller und Motorräder im Angebot

M BIKE
www.m-bike.com
E-Mountainbikes, Rennräder, Trekking E-Bikes etc.
Av. Cala Agulla 93, Tel. 639 417 796, info@m-bike.com

Feiertage
1. Januar (Neujahr/Ano Nuevo), 6. Januar (Heilige Drei Könige/Los Reyes Magos), März/April (Karfreitag, Ostern

/Viernes Santo, Pascua), Mai/Juni (Fronleichnam/Corpus Cristi), 25. Juli (Jakobstag/Día de Santiago), 15. August (Maria Himmelfahrt/Asunción), 12. Oktober (Nationalfeiertag/Día de la Hispanidad), 1. November (Allerheiligen/Todos los Santos), 6. Dezember (Tag der Verfassung/Día de la Constitución immaculada), 8. Dezember (Maria Empfängnis/Concepción), 25./26. Dezember (Weihnachten/Navidad).

Feste
5. Januar, vergleichbar mit Heiligabend bei uns; alle Glocken läuten
17. Januar: Revetla de Sant Antoni Abad in Artá (Teufelsaustreibung mit Feuern mit Verhöhnung der Priester und Maskenumzug am Vorabend),
17. Januar: Ses Beneides (Segen) des Antonius für die Haustiere; großer Festumzug (verbena) in Artá
Mai, 3. Wochenende: mittelalterlicher Markt
16. Juli: Nostra Senyora del Carmen / Virgen del Carmen (Schutzheilige der Fischer), Ehrung mit Schiffsprozessionen
16. August: Fiestas de Sant Roc in Cala Ratjada
24. August: Fiestas de Sant Bartomeu in Capdepera
September: Touristentag (Día del Turista)
Oktober, Anfang: Mostra de la Llampuga (Goldmakrelenfest)
18. Dezember: Mare de Déu de la Esperança, Feierlichkeiten zu Ehren der Patronin von Capdepera
25. Dezember bis 06. Januar: Navidades (Weihnachtsfest)

Fisch Spa
fish spa & wellness
Plaza Castellet 9, Platz an der Hafeneinfahrt;
alles sauber und ordentlich, sehr kompetentes und sehr, sehr freundliches Personal; das Knabbern der Fische an den Füßen sollte man mal erlebt haben! Wir haben bei unserem Test im Mai 2015 für 20 Minuten 13 EUR (Preis 2016: 14,-- EUR) bezahlt und noch einen Sekt oben drauf bekommen.
www.fish-spa-mallorca.com

Fitness:
Amoros Fitness Center
C/Llegitimes 37, Tel. 971 563 550
www.hotelamoros.com

Maxximum Gym
Avenida de America 7, 07590 Cala Ratjada
Tel. 971 579 427, www.maxximumgym.com
facebook.com/maxximum.calaratjada

Jet-7 Fitness Center
Carrer Hernán Cortes 26, 07590 Cala Ratjada
www.jet-7.es

Fitnesscenter im Hotel Beach Club:
Lionic Gym, Avenida Canyamel 48
07580 Capdepera (Font de Sa Cala)

Frisch-Fisch im Hafen
Immer Mo-Fr von 18.00 bis 19.00 Uhr

Galeria Frank Krüger
Die Galerie der Prominenten!
Paseo Colon 13; Tel. 619 515 237

Golf:
Capdepera Golf (18-Loch)
Apartado de correros, 202
Ctra. Artá - Capdepera, Km. 3,5
E-07570 ARTÁ, Tel. 971 8182 10
www.golfcapdepera.com // info@golfcapdepera.com

Club de Golf Canyamel (18-Loch)
Tel. 971 5644 57

Gottesdienst:
Immer sonntags um 11.00 Uhr findet in der Pfarrkirche "Parroquia de Nuestra Señora del Carmen" in der Ortsmitte für die deutsche evangelische Gemeinde ein Gottesdienst in deutscher Sprache statt.
Mehr Infos: www.kirche-balearen.de
Straße: Calle Isaac Peral, s/n
Die Kirche liegt gegenüber der Praxis von Dr. Bredemeier.

Höhlen von Artá
Carretera de las Cuevas s/n
Capdepera (Canyamel)
Tel. 971 841 293
http://www.cuevasdearta.com
ca. 12 Km von Cala Ratjada entfernt; Höhlensystem von 450 m Länge mit konstanter Temperatur von 18 Grad; 40 m über dem Meer gelegen mit Blick auf Platja de Canyamel

Juni-September 10.00 bis 19.00 Uhr
November-März bis 17.00 Uhr, sonst bis 18.00 Uhr
Eintritt 13 EUR, Kinder 7 EUR

Kaffeespezialitäten
- Americano: Schwarzer Kaffee in einer größeren Tasse, ähnelt vom Koffeingehalt unserem Filterkaffee, ohne Milch;
- Bombón: besteht aus drei gleichgroßen Schichten, zuerst kommt die süße Kondensmilch, dann eine Schicht Café solo und zuoberst heiße Milch, insgesamt sehr süß!
- Café con hielo: übersetzt „Kaffee mit Eis", aber nicht vergleichbar mit dem uns bekannten Eiskaffee (kalter Kaffee mit Vanilleeis), zum normalen heißen Kaffee gibt es ein Glas mit Eiswürfeln, die man in den Kaffee schüttet. Dadurch wird dieser auf einen Schlag abgekühlt. Zur Abrundung dieser „Erfrischung" gibt es auf Wunsch eine Zitronenscheibe hinein. Insgesamt sehr speziell.
- Café con leche: zu einem kleinen schwarzen Kaffee wird mindestens die doppelte Menge heiße, aufgeschäumte Milch hinzugegeben. Unter Touristen die beliebteste Variante.
- Café solo: typischer Espresso, klein, stark, schwarz...wem das nicht stark genug ist, bestellt einen „solo doble";
- Carajillo: café solo mit einem Schuss Alkohol, üblicherweise Brandy, aber auf Wunsch auch mit Rum, Anislikör, Baileys oder Whiskey möglich.

- Cortado: café solo mit einem Drittel Milch (heiß, aufgeschäumt, ziemlich feste Konsistenz des Schaums).

Eher unüblich und meist nur in reinen, (deutsch-) touristischen Orten ist der uns bekannte Filterkaffee (café del filtro).

Konsulat in Palma:
Konsulat der Bundesrepublik Deutschland
C/ Porto Pí, 8, 3°-D, 07015 Palma de Mallorca
Tel. 971 707 737
info@palma-de-mallorca.diplo.de
Notfallnummer außerhalb Öffnungszeiten: 659 011 017

Schweiz
Carrer Antonio Martinez Fiol 6
Tel. 971 768 836, Notfall +41 800 247 365

Österreich
Avenida Jaume III 29, Tel. 971 425 146

Krankenhaus (öffentliches)
Krankenhaus Manacor
Notaufnahme, 24h geöffnet
Carretera Manacor - Alcúdia s/n. Manacor
Tel.: 971 84 70 00
Tel.: 971 84 70 60 (Notaufnahme direkt)
Dolmetscher vorhanden

Märkte
Wochenmärkte in Cala Ratjada und Umgebung; in der Regel von 09.00 bis ca. 13.00 Uhr:

- Samstag:
Cala Ratjada auf dem Plaça dels Pins / Plaza de los Pinos
- Sonntag:
Portocristo, Alcúdia, Pollença
- Montag:
Cala Millor und Manacor
- Dienstag:
Artá, Alcúdia
- Mittwoch:
Capdepera und Port de Pollença
- Donnerstag:
Sant Llorenc des Cardassar
- Freitag:
Can Picafort und Son Servera

Mietwagen
Sie sollten Ihren Mietwagen bereits von Zuhause aus buchen. Das ist billiger und Sie laufen nicht das Risiko, in der Hauptsaison möglicherweise vor Ort das gewünschte Auto nicht mehr anmieten zu können.
Vor Ort gibt es immer wieder "billige" Angebote, wobei jedoch der Zustand der Fahrzeuge sowie der Umfang des Versicherungsschutzes zu wünschen übriglassen. Daher empfehlen wir den deutschen Mietwagen-Makler **www.cardelmar.de**, der alle wichtigen Mietwagen-anbieter im Angebot hat und über den wir seit Jahren mit größter Zufriedenheit buchen. Sie können dort die Preise

und Leistungen vergleichen. Insbesondere sollten Sie dabei auf die Bewertungen der Vormieter achten. Meist ist dort erkennbar, dass günstigere Vermieter oftmals größere Probleme bereiten können. Des Weiteren raten wir dringend dazu, einen umfangreichen Versicherungsschutz bereits in Deutschland zu buchen. Das erspart Ihnen in Spanien möglichen Ärger und schlaflose Nächte, insbesondere bei den Straßenverhältnissen sowie Fahr- und vor allen Dingen Einparkverhalten der Spanier („Kontaktparken", wenn es rumst, passt es).

Update 2021:
Leider hat der Autovermietungsmakler Cardelmar seinen Dienst nach 15 Jahren zum Ende des Jahres 2020 eingestellt. Daher haben wir bei unserer Reise nach Spanien im Juli 2021 unseren Mietwagen über das Portal booking.com gebucht. Auch dort hat man die Auswahl unter verschiedenen Autovermietern. Wir haben uns für unseren Test für einen der größeren spanischen Anbieter entschieden. Wir haben über booking.com das vollumfassende Versicherungspaket gleich mitgebucht, also Vollkasko ohne Selbstbeteiligung. Um uns vor Ort mit der Autovermietung nicht auf die üblichen unnötigen Verkaufsgespräche über Zusatzversicherungen einlassen zu müssen, haben wir die spanischsprachige Buchungsbestätigung mitgenommen und auf dieser die entsprechenden Passagen über den bestehenden Versicherungsumfang mit Textmarker markiert. Dieses Mal wurden wir zwar nicht unter Druck gesetzt, zusätzlichen und damit doppelten Versicherungsschutz abzuschließen, aber er wurde uns untergejubelt! Leider erhält man in der heutigen, digitalen Zeit keinen

Papierausdruck des Mietvertrages mehr ausgehändigt, sondern unterschreibt auf einem digitalen Display und erhält dann im Nachhinein das Vertragswerk per E-Mail zugesandt. Doch dann ist es, wie unserem Fall auch, bereits zu spät! Man ist für viel Geld doppelt versichert. Leider ist dieser Umgang mit Kunden typisch für Spanien. Andere Länder, andere Sitten!
Grundsätzlich bitte beachten: Gelber Strich am Straßenrand = Parken verboten, Blaue Striche = gegen Gebühr, Weißer Strich = freies Parken.

Notrufnummern
- Allgemeiner Notruf 112, deckt Polizei, Feuerwehr und Krankenwagen ab
- Policia Local +34 – 092 Wache in Capdepera, C/ Roses, Tel. 971 565 463
- Guardia Civil + 34 – 062 Nächste Hauptwache in Artá am 3. Kreisel, sowie eingeschränkt besetzt am Hafen von Cala Ratjada
- Policia National + 34 – 091
- Spanienweite, deutschsprachige Touristenpolizeistelle Tel 902 102 112 (9-15 Uhr)
- Zentrale Bankkartensperre Deutschland + 49 116 116
- American Express Deutschland +49 (0)69 – 9797 1000

Postamt
Post / Correos, C/ Can Melis 16, Cala Ratjada
Wegbeschreibung: aus der Hauptstraße Carrer de l`Agulla bei der „Bar Juva" abbiegen in die Carrer de

Juan Sebastián Elcano und immer geradeaus, bis auf der rechten Seite das Postamt an der Carrer Can Melis kommt. Mo-Fr 8.30-14.30 Uhr, Sa 9.30-13.00 Uhr, in der Saison mitunter erweiterte Öffnungszeiten

Reiten
Reitstall "Rancho Bonanza"
C/ Can Patilla s/n
Tel. 971 565 664, Mobil 609 866 947 oder 619 680 688
www.ranchobonanza.com
Ponyreiten für Kinder, Tagesausritte, Kutschfahrten

Eddi´s Reitstall
Straße nach Capdepera über Ca´n Patilla
Tel. Madlen: 630 150 551 / Tel. Eduardo: 626 830 399
www.eddysreitstall.es

Supermärkte:
Grundsätzlich sind die "Spar"-Märkte auf der Hauptstraße meist überteuert. Günstiger ist es bei Eroski (da kaufen die Spanier ein) oder LIDL.

Eroski
C/ Ses Savines 33, in der Nähe vom Prinsotel La Pineda
www.eroski.es

LIDL
Avda. Joan Carles I, 58
an der Ausfallstraße nach Capdepera an Son Moll vorbei, in der gleichen Straße, wo auch die Tankstelle liegt;
www.lidl.es

Hier findet man auch in Sichtweite den riesigen Drogeriemarkt von Müller sowie den spanischen Supermarkt MERCADONA (Avd. Juan Carlos I, 86-90)

Mundi Culinario (Deutscher Supermarkt)
Carrer Castellet 39
https://www.facebook.com/DeutscheLebensmittel
http://www.mundi-culinario.com
Wenn man auf deutsche Produkte nicht verzichten möchte, wird man hier fündig! Jedoch ist natürlich alles Importierte deshalb auch entsprechend teurer als in Deutschland.

Tankstelle Cala Ratjada
CAMPSA
Avda. Juan Carlos I, s/n

Tauchschule
Mero Diving Tauchbasis
Carrer de Na Lliteras s/n, Cala Lliteras
info@mero-diving.com, Telefon: 971 565467
https://www.facebook.com/pages/Mero-Diving-Academy/205761762818148
http://www.mero-diving.com

DIVE & FUN Tauchschule - Font de Sa Cala –
im Hotel Beach Club
Tel. 971 818 036, info@mallorcadiving.de
https://www.facebook.com/pages/Dive-Fun-Mallorca/130048383711441
http://www.mallorcadiving.de

oder Zweigstelle im Hafen von Cala Ratjada hinter dem Hafenbüro, Tel. 971 564 303

Taxi Cala Ratjada
Taxistand am Plaza de los Pinos
Tel. 971 5658 67
Funktaxi: Tel. 971 5656 56
Capdepera: Tel. 971 8190 90

Online-Bestellungen über: www.mallorca-taxi.com
Wir haben das Portal getestet: Der Fahrer kam pünktlich 10 Minuten vor der vereinbarten Zeit, der Fahrpreis wurde bereits im Vorwege online per Kreditkarte bezahlt und lag sogar geringfügig unter dem tatsächlichen Preis für eine ebenfalls absolvierte normale Vergleichsfahrt. Absolute Empfehlung, insbesondere, wenn man über keine Sprachkenntnisse verfügt, denn diese werden bei diesem Verfahren nicht benötigt! Halten Sie die Reservierungsnummer bereit. Am besten Drucken Sie diese am Schluss der Online-Buchung aus, um sie dem Fahrer präsentieren zu können.

Tierarzt
Jeanette Haug
Via Mallorca 3
Tel. 971 565 076, Notfall Handy 670 369 262
www.tierarzt-calaratjada.com

Gustavo Morcillo
Carrer Castellet
Tel. 971 565 858, Notfall Handy 627 790 715

Touristeninformation
Hier gibt es Infos und Landkarten/Stadtpläne:
Plaça dels Pins / Plaza del Pins,
Tel. 971 818 854, E-Mail: turisme@ajcapdepera.net

Vodafone
C/ Pizarro 25, Tel. 627 546 553
Prepaid Karten, Handys, Zubehör

Zahnarzt:
Clínica Dental Lutz M. Meyer
C/ Juan Sebastian El Cano 34
07590 Cala Ratjada
Tel. 971 588 164, Notfallnummer: 626 331 261
E-Mail: praxis@clinicadental-lutzmeyer.com
www.zahnarzt-mallorca.eu
https://www.facebook.com/clinicadental.lutzmeyer

Ca´s Dentista
Carrer Nereidas 30
Tel 971 564 860

Juana Rodriguez
Calle Castellet 38
Tel. 971 566 729

Unser Reiseblog:

www.reise-blog-wahle.de

Noch mehr Reiseführer:

www.sw-reisebuch.de

Noch mehr Bücher:

www.buch.guru